美人な「しぐさ」

How to Create *an* Aura of Beauty

ポージングディレクター　イメージコンサルタント
中井信之

Discover

はじめに

「しぐさ」を変えれば「美人」になれる

カフェやレストランで、電車で、ビジネスの打ち合せやプレゼンで……何気ない日常の中で、私たちは偶然居合わせた人にどことなく惹かれ、思わずその人を見つめてしまうことがあります。

では、私たちは、どのような人に惹かれてしまうのでしょうか。

女優のようにゴージャスな美貌と雰囲気を持っている人でしょうか。

モデルのような抜群のスタイルと颯爽とした空気を持っている人でしょうか。

聖母のように優しい笑顔が印象的な人でしょうか。

何ともいえない気品をただよわせ、優雅にお茶を飲んでいる人でしょうか。

それとも、きびきびとした動きが目を引くビジネスウーマンでしょうか。

このような素敵な人と出会った瞬間、私たちは無意識に視線を向け、心を動かされています。

心を動かされたその瞬間、私たちはその人を「美しい」と感じています。

もちろんそのような人々の中には、生まれつき美貌に恵まれている人もいます。

いま、このページをひらいているあなたも、「美しさは、持って生まれた造形によって決まる」と思っているかもしれません。

しかし、それだけなら、あるときをピークに、その人の美しさは消えてしまいます。

人の「美しさ」は、決して生まれつきの造形だけで左右されるわけではないと、私は長年の実体験から言い切ることができます。

よく魅力的な人のことを「あの人は何か『雰囲気』があるよね」と表現することはありませんか？

実は、美しさを決定づけるのは、その人の持つ「雰囲気」です。

言い換えれば、美しく見える「雰囲気」を身につければ、誰でも「美人」に見えるということです。

そもそも、「雰囲気」とは何でしょうか。

辞書から定義すると「雰囲気」とは「その場の気分」のことをいいます。英語では

atmosphere（アトモスフェア＝大気・空気・ムード・様子・趣・印象）にあたります。

しかし、本書でいう「雰囲気」とは「からだから出る雰囲気」のことです。その人の「立ち居振る舞い」から発散されるものと考えてください。英語でいうと、attitude（アチチュード＝相手と接しているときの態度・立ち居振る舞い・感情が表れた姿勢・物事に対する考え方）のほうにあたります。

さきほど、「美人に見える人は、何か、雰囲気を感じさせる人である」と定義しました。

そもそも、私たちの脳は、ただの「美しい人」をイメージすることができません。たとえばリンゴを見るとき。そのリンゴが、木になっているのか、すでに店先で梱包されているのか、その状態を含めて認識しています。

それと同様に、友だちに「Aさんは美人」と説明するときに、頭の中でAさんのことを「優しくて美人」とか「きついけど美人」などと思い描いているはずです。

この「優しい」とか「きつい」などと「～い」のつく形容言葉が「雰囲気」の正体なのです。

顔やからだのもともとの造形をどうにかすることは、誰もができることではありません。

けれども、この形容言葉の部分を自分なりに磨くことは、誰にでも可能です。

美人に見えるメリットは、「その人に触れて話してみたい」と思われることです。どんなことを考えているのか、どんな素敵な仲間がいるのか、その人と知り合うとどんな未来が自分におとずれるのか……そんな「期待」を抱かせるオーラを、美人は出しています。

女優のようにゴージャスな雰囲気、モデルのように颯爽とした雰囲気、気品があり優雅でたおやか、有能で信頼できる……いろいろな美しさの「角度」があるということも覚えておきましょう。どのような角度であれ、美人に見える人は、そのときどきの自分の考えや年齢と、その場にふさわしい「しぐさ」を心得ているからこそ、いつも活き活きとして美しいのです。

本書では、「美人の雰囲気」をつくりだすために、私が研究しつくした独自の「しぐさ」の法則を紹介します。

誰でも美人になれる「法則」がある

そもそも私がなぜこのような「美人の雰囲気」と「しぐさ」の関係について、日々研究し、今回筆をとるに至ったかをお伝えしておきたいと思います。

現在私は、自分が俳優とモデルをしていた経験から、女優やタレント、モデルを志望する女性に、演技や美しく見える振る舞い、しぐさを教える仕事をしています。今までに5000人以上の女性を指導してきました。

実は、私自身は、若いときはこういった仕事をするとは夢にも思っていませんでした。俳優として劇団に所属していたころは、ねこ背で、動くとロボットみたいだといわれていたほどです。

そんな私が女性のしぐさや振る舞いについて研究することになったのは、タレントを養成する専門学校で、女性のモデル養成クラスを指導する機会をいただいたことがきっかけでした。

当初はそのクラスで、「かわいい」とか「きれい」などといった言葉を使って指導していましたが、あるとき、

「もうちょっと雰囲気が出ると、さらに何かいいかもしれないよ」

と口にしたところ、

「雰囲気って何ですか？」

「何かいいかもしれないってナンですか」

と、教え子の女性たちから質問攻めにあってしまったのです。

どういうふうにすれば、誰でも簡単に「美人の雰囲気」を身につけられるのか。雰囲気が身につくと何が変わるのか……。

頭の中で漠然と考えていた疑問を、誰でもできる「法則」として体系立てるべく、研究し始めたのが、本書の始まりです。

欧米とアジア圏、古代から現在までに共通する法則はあるのか。教えるときには、男性の私が実践しても実証できるのか。授業の中でいろいろ試させていただきながら、誰でも使えるしぐさや姿勢、振る舞いであるように工夫しました。

また、世界中の最新のファッション雑誌を閲覧できる施設に足しげく通い、さまざまな女優やモデルが美しく見える秘密について、研究しました。

そのおかげか、今では、普段から人のしぐさが気になってしかたがなくなり、気がつけばすっかり「ポーズフェチ」になっている自分がいます。それだけではなく、日常の生活のなかで、その人のしぐさや姿勢を見るだけで、性格や感情がわかるようにまでなりました。

研究と調査をもとにつくりだしたこの「美人な『しぐさ』の法則」を、さっそく指導に取り入れたところ、タレント養成スクールに入学したときは普通だった女性たちが、みな見違えるほど、きれいになっていきました。

生まれつきの容姿に関係なく、洗練された雰囲気が身につき、日常でもみるみる女性らしくなっていきました。もちろん、本人のたゆまない努力の成果ですが、なかには新人賞を受賞するなど芸能界で才能を発揮している方々もいます。

また、タレントスクールだけでなく、企業の研修やカルチャーサロン（10〜70代までのお客様）などのクラスでも、この「美人な『しぐさ』の法則」をお伝えしていますが、みなさん、みるみる変わっていかれます。「もっと早く知りたかった」「自分に自信が持てるようになった」「就職がうまくいった」「恋人ができた」「起業できた」「性格が明るくなった」などなど感謝の言葉やうれしい報告をいただいています。

そう、ですから、この法則はタレントをめざす人だけのものではありません。あらゆるジャンルで仕事をする方や、何かしら自分を変えたい方に、ぜひ実行してみていただきたいのです。

仕事においては、大切な場面で相手に覚えてもらえるか、「また会いたい」と思われるかで、その後の展開は変わります。美人な「しぐさ」を身につけることで、新しい人の輪に入っていくのが上手になったり、チャンスをつかみやすくなったりするので、自分の可能性がどんどん広がるでしょう。

仕事だけではなく、この本を使って美人度がアップすれば、ちょっとした集まりや、写真を撮られるときなどでも、気遅れすることなく自信が出ると同時に、これまでのコミュニケーションよりも一歩深まった関係が築けることでしょう。

この本では、日常のしぐさから、歩き方、写真の撮られ方まで、広範にわたってご紹介していきます。

美人の雰囲気をつくるには、ちょっとしたしぐさから、からだ全体の動きに意識を配り、さらには「いつ写真に撮られても大丈夫」という自信を持っていただきたいからです。

まずは誰かと一緒にいるときに、自分の背中はまっすぐか、まるまっているか、相手に向かって傾斜しているかなどに注意を払ってみてください。

これは「正しい姿勢をつくりましょう」ということではありません。いま、自分がどんな雰囲気を出していて、それが相手にはどんなふうに伝わっているか、想像することが大切だからです。

からだをいごこちよくコントロールできるようになりましょう。からだから環境にフィットしていくことで自信がつき、いつのまにか心も変わっていることに気がつくはずです。

すべての基本となるのは、Introductionで説明する「ヒネル」「カサネル」「カタムケル」という、からだを動かすことで生まれる「線」の法則です。その法則を基本に、全5章にわたり美人な「しぐさ」について説明します。

「Lesson 1　日常でできる基本の美人な『しぐさ』」では、ちょっとした日ごろの立ち居振る舞いが美しくなるように、通勤途中やカフェなどで使えるしぐさについて説明します。

「Lesson 2　仕事で評価される美人な『しぐさ』」では、人との信頼関係を築きやすくするために、職場や取引先でのコミュニケーションについて説明します。

「Lesson 3　恋の相手を惹きつける美人な『しぐさ』」では、恋愛の密度が増すように　大切な人と親密になるときにとるべき振る舞いについて説明します。

「Lesson 4　美人な『歩き方』」では、全身の動きが美しく見えるように、ワンランク上の歩き方を説明します。

「Lesson 5 「いいね！」が増える美人な『写真』の撮られ方」では、撮られるときに、自分らしい人柄とキャラクターを伝えることができるような雰囲気づくりのコツをお伝えします。

ご自身が必要と思うところからページをめくっていただき、読むだけでなく、ぜひ実践してみてください。

Contents

Lesson

02

An Aura of Beauty at Work

仕事で評価される美人な「しぐさ」

Lesson 03

Beauty in Your Love Life
恋の相手を惹きつける美人な「しぐさ」

Lesson 04

An Elegant Walk
美人な「歩き方」

Lesson

05

Taking Elegant Photos

「いいね！」が増える美人な「写真」の撮られ方

How to Create *an* Aura of Beauty

Introduction

「美人」に見える人の秘密

美人に見える「HKの法則」
―ヒネル(H)・カサネル(K)・カタムケル(K)―

最初に、美人な「しぐさ」の要となる基本の法則について、お伝えしていきましょう。

ところで、みなさんは、日ごろ何も考えずにからだを動かしていませんか？

私たちはたいてい無意識にからだを動かしています。急いでいたり、疲れていたり、集中していたりするときはなおさらのこと。けれどもこれからは、少しずつ自分のからだの動きを「意識」していくことを始めていきましょう。

では、どのように意識していけばよいのでしょうか。

まず、自分のからだに、「線」があると意識してみてください。

からだが動くときには、自然と「目に見えない線」が生じます。

じつは私たちは日常のなかで、ただの「線」を見たとき、「線」じたいにさまざまな感情が宿っているように感じています。

たとえば、まんまるい円を描いた線からは、円満でおだやか、平和や調和といったメッセージを受け取ります。正三角形を描いた線には、どっしりとした安定感や正確さを感じます。プラトンはそれをイデア、つまり心の目で見たものの姿や形といいました。ひもとけば図形をつくっている曲線に「やさしさ」、直線に「鋭さ」を感じているからです。

線だけを見ていると感じないかもしれませんが、満月を眺めてのんびりした気分になったり、そびえたつ山を見ては威厳を感じたりと、自然環境の中でこういった感覚を培ってきました。

「じゃあ、からだの線はどこにあるの?」と疑問に思う方はちょっと想像してみてください。

たとえば、子どもを守るように抱えている母親の背中は、なんともいえずなだらかなまるみを帯び、入社したばかりの新人の背中は緊張でまっすぐに伸びています。

この、「目に見えないからだの線」を使えれば、自分の印象、つまり雰囲気を自由自在に演出することができます。

ここで、私が美しい雰囲気をつくるための「線」として提案したいのが、次の3つです。

①「ヒネル」ことによって生まれる曲線
②「カサネル」ことによって生まれる、まとまった線や複雑な線
③「カタムケル」ことによって生まれる斜線

この3つの線を意識してからだを動かすだけで、印象が格段に違ってきます。それぞれの動きのイメージは、「ヒネル」＝「クネッ」、「カサネル」＝「ピタッ！」、「カタムケル」＝「タラーン」と覚えてください。

これらの3つの線は、あらゆる美術やデザインの世界においても、人の情緒を表すための基本の手段として用いられています。具体的にいうと、ファッションにおいてはからだの凹凸に合わせた服のカッティングに、絵画や彫刻においては情景や心情を伝えるポーズに使われてきました。

3つの線がつくりだす3種類の「美」の印象

①ヒネル（H）の線、②カサネル（K）の線、③カタムケル（K）の線は、それぞれ次の3つの印象をつくりだしてくれます。

①ヒネル（H）＝アクティブ
②カサネル（K）＝ゴージャス
③カタムケル（K）＝ソフト

それでは、3つの線がイメージするものを、写真の例をもとに、より具体的に説明します。

{ヒネル} 1

クネッと、
アクティブに
「**ヒネル**」

イメージ／アクティブ・若々しい・スピード感・キラキラ・ワクワク・セクシー・ワイルド・挑発的・ダイナミック

上半身や頭をある方向に向けて曲げる。

からだの線はバネのようにしなり、「緊張感」が生まれる。

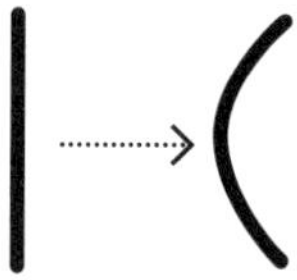

ピタッ！と
ゴージャスに
「**カサネル**」

イメージ／上品・豪華・丁寧・慎重・安心・清楚・隠す・守る・安定・高価・重厚

腕や脚を組む。腕と胴体をつける。手を顔につける。

まとまりができ、厚みや量が増える。安定感や高級感が生まれる。

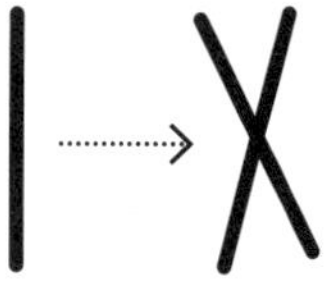

{カサネル}

3 {カタムケル}

タラ～ンとソフトに
「**カタムケル**」

イメージ／スタイリッシュ・かっこいい・かわいい・柔らかさ・クール・不安定・はかない・可憐

頭や上半身、あるいは全身ごと、ある方向に向かってまっすぐに倒す。

自立していたものに、弱さ、もろさが生じて不安定になり、「かわいい」、「かっこいい」という感情が生まれる。

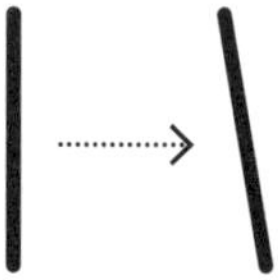

「ヒネル（H）」「カサネル（K）」「カタムケル（K）」の線が美しさを演出することが、おわかりいただけましたでしょうか？

これらを「HKKの法則」とし、すべての美人な「しぐさ」の基本としています。

では、美しさのカギを握るこの法則が、実際にはどのように使われているのか、古代と現代から一つずつサンプルをあげてみましょう。

ヴィーナス像も滝川クリステルさんも「HKKの法則」で美しさを演出

美人に見える姿勢や動きは、古代ギリシャ時代から研究されていました。古代ギリシャでは、美を数値に置き換え、理想的なプロポーションには「健全で崇高な魂が宿る」と信じられていました。ですから、その彫像物は今でも不変的な美しさを保っています。そして、この古代ギリシャにおいても、「HKKの法則」が随所に見られます。

次のヴィーナス像には3つのラインが理想的に組み合わさっています。

黄金比ともいえるバランスなので、まさしく「ゴールデンポージング」です。

では、動きを分解してみましょう。

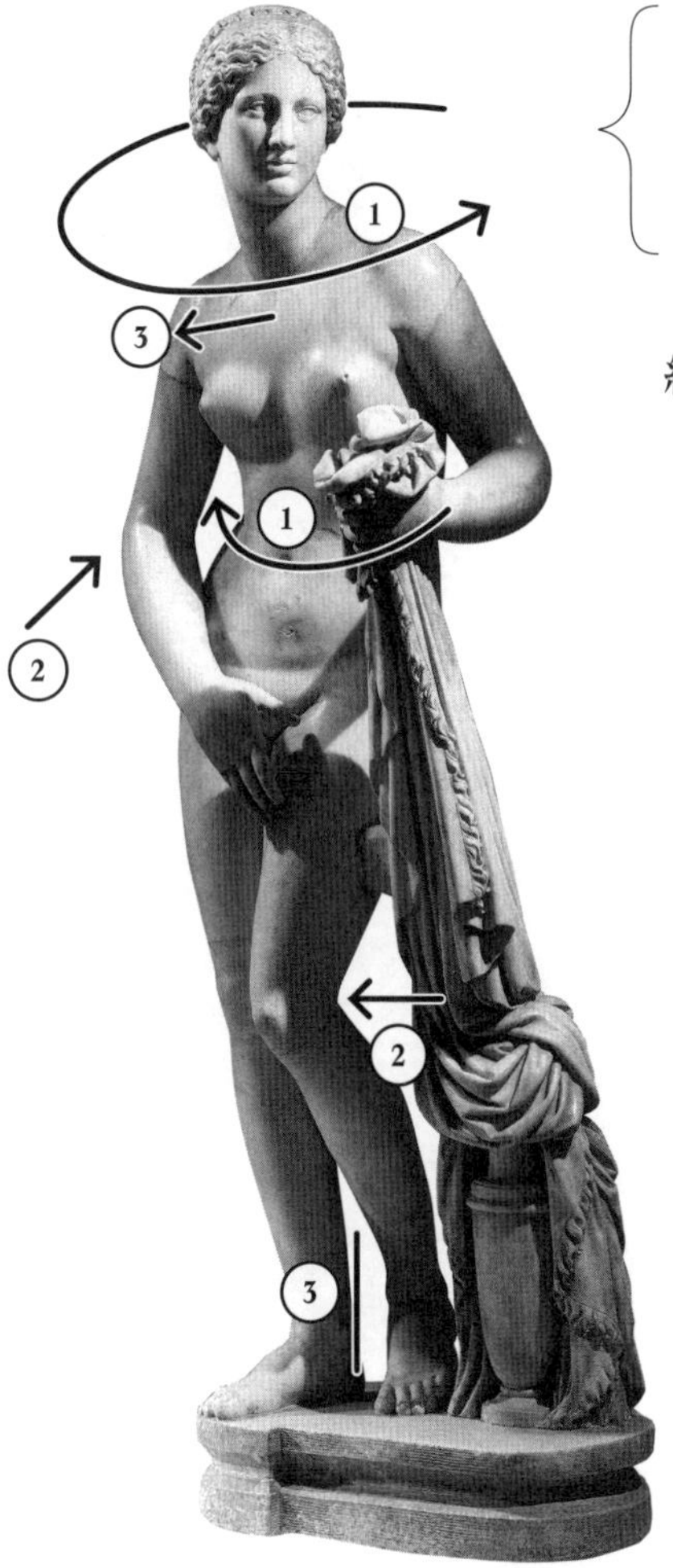

ゴールデン ポージング

「HKKの法則」が
組み合わさった理想像

①
首と腰を反対方向に
ヒネル＝H

②
もう片方の脚を
重心がかかっているほうの
脚に**カサネル＝K**

③
重心を片方の脚にかけ、
カタムケル＝K

古代ギリシャ時代に
成立した美意識

このポーズは、片脚に重心をかけていますよね（コントラポスト（対比的均衡））。そのため骨盤の向きにズレが生じて姿勢に変化が出て、棒立ちにはない「やわらかさ」が出ました。

また、重心のかかっている脚に向かって、もう片方の脚をカタムケテいます。両脚がカサナッテいるように見えるので、隙がなく落ち着いた品が生まれます。手は身を守るようにからだの前方にカサネテいます。それにより、慎み深さが出ています。

さらに腰のヒネリと逆方向に、首から頭を大きくヒネッているので、若々しく活き活きとした印象になっています。

HKKの法則は、もちろん現代でも使われています。

以前、滝川クリステルさんが進行役を務めた報道番組で、カメラに対して斜め45度にかまえる美しい座り方が話題になりました。この動きにもHKKの法則が使われていました。

テーブルの上にカサネタ手からは、心の落ち着きが表れています。

さらに、からだを前にカタムケテいるので印象がやわらかくなります。

肩の向きとは逆方向である視聴者のほうに強く首をヒネッているので、キリッとし

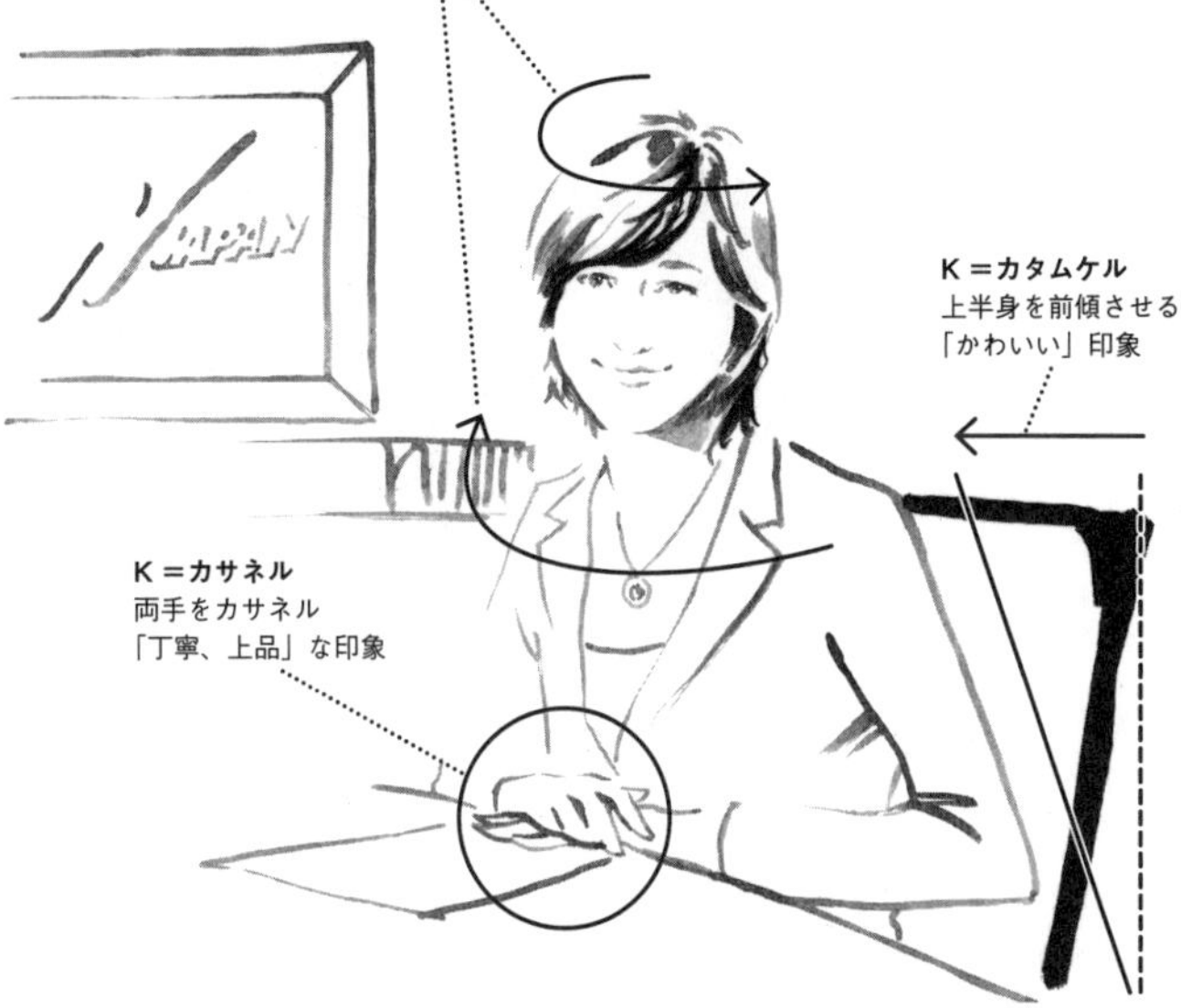
H＝ヒネル
肩と首を逆にヒネル
「力強く、ドラマチック」な印象
上半身を前傾させる
K＝カサネル
両手をカサネル
「丁寧、上品」な印象

た印象があります。

からだの角度がただ斜め45度だっただけではなく、ヒネル、カサネル、カタムケルという微妙な角度の組み合わせで、どこかかわいらしく、しかし上品で信頼できるというデリケートな雰囲気を、私たちは感じていたのでした。

滝川クリステルさんといえば、オリンピック誘致のスピーチでも、完璧なプレゼンで大役をはたされましたが、こうした動きで「からだ意識」をとぎすましていたのかもしれませんね。

本書で登場するからだの名称

本書では、腕と手、脚と足を使い分けて説明します。

①肩から手首まで腕（Arm）
②手首から指までを手（Hand）
③脚の付け根から足首までを脚（Leg）
④足首からつま先、靴を履く部分を足（Foot）

それでは、まず「HKKの法則」に慣れていただくために、Lesson 1で普段の生活のなかですぐに使える美人な「しぐさ」から磨いてまいりましょう。

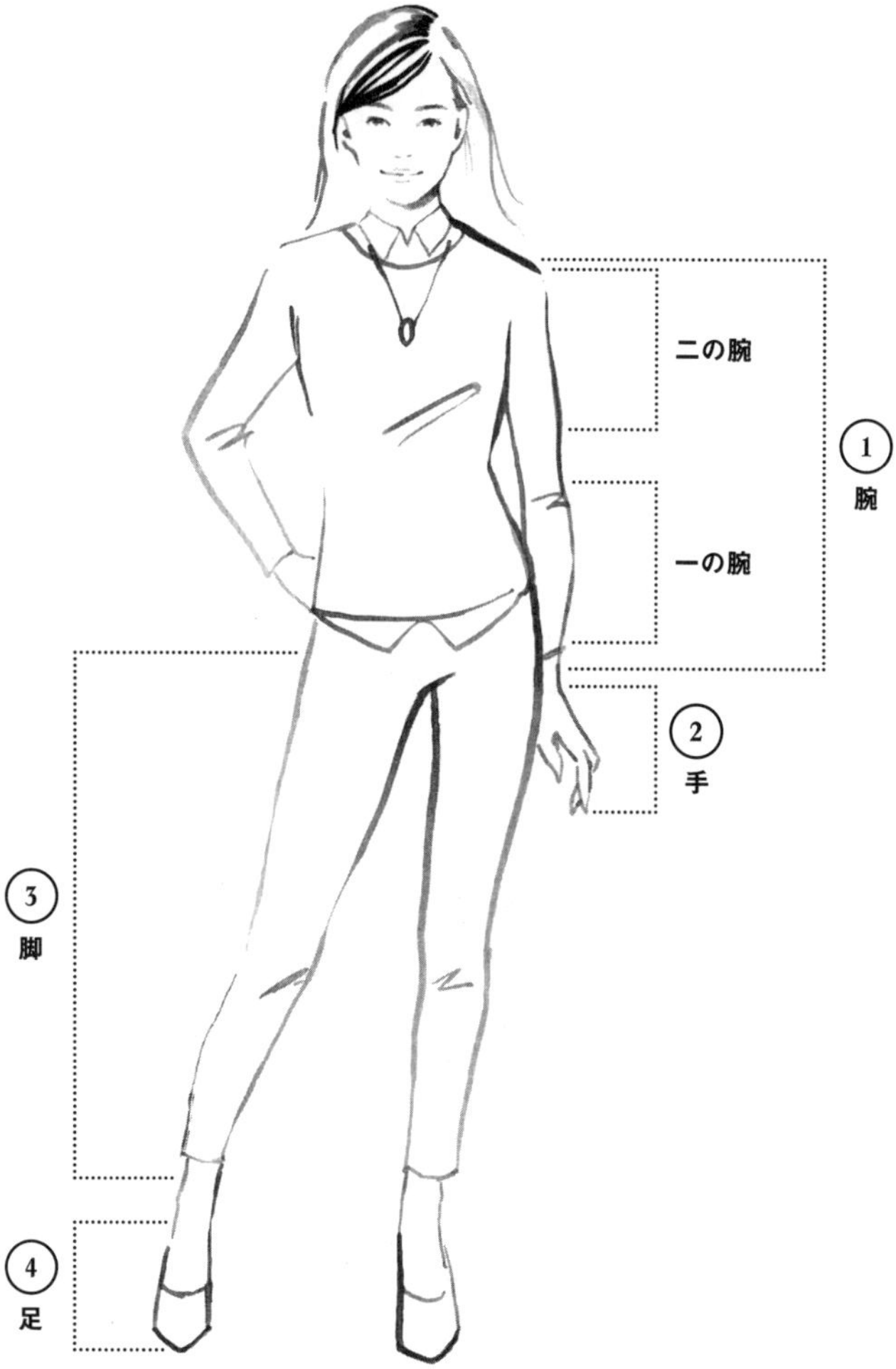
二の腕
一の腕
1
腕
2
手
3
脚
4
足

Column
{1}

「美」は定義できるのか?

「美」の定義は環境や時代背景によって変わります。しかし古代ギリシャ時代の定義は、現在も古臭さを感じさせない不変性を持っています。古代ギリシャでは「神は、『人を完璧に美しくした姿』をしている」と信じられていました。そのため美とは「真実」であり、美の公式として「健康・調和・均斉」がそろっている必要があったのです。

「健康」とは、スポーツで美しいからだをつくること。女性は優生学的に家族を継承するため、男性は都市国家を守るために軍事的にも必要とされ、運動が奨励されました。

「調和」とは、過度や極端にならず「ほどよい」のが優美であるということ。完全な肉体は完全な精神を伴い、それだけで倫理的に「善」とされました。

「均衡」とは、からだの部分と全体のバランスが整うと美しいという美術的な考え。コーカソイド(白人)が基準だということを念頭にいれておく必要がありますが、たとえば八頭身が理想ですね。他にも、顔は生え際からあごまでが手の平のサイズと一緒だと、標準的で美しいとされます。なぜ標準サイズが美しいのかというと、人は種の保存のために、特異なものより、標準を好むからです。

　こうしてみると、わたしたちが美しさに憧れるのは人として少しでも高みに到達したいからだと感じませんか?

How to Create *an* Aura of Beauty

Lesson 01

A Daily Aura of Beauty

日常でできる
基本の
美人な「しぐさ」

「毎日の積み重ねでオートマチックに美しくなる」

毎日実践することで、からだが「動き」を覚えてくれる

それでは、いよいよ「HKKの法則」を使って美人な雰囲気をつくる「しぐさ」を実践していきましょう。

まずは、日常でできるごく簡単なしぐさからです。

普段の生活のなかで、気がついたときに、このレッスンでお伝えする「動き」をどんどん実行してみてください。実行し、習慣づけることで、やがて意識しなくても、自然とそのしぐさができるようになります。

これは自転車がこげるようになったり、パソコンのキーボードが打てるようになったり、泳げるようになったりするのと同じです。最初のうちこそ習得するのに意識を

配り、少し時間がかかりますが、気がつくと、ある日からだが自然に動いていますよね。これは、脳の「手続き記憶」という働きによるもので、一定の期間、練習を繰り返して習得した感覚は、からだが動きを記憶して、忘れないでいてくれます。

ですから、一度脳とからだに動きやフォームを覚えさせてしまうこと。

そうすれば、あとは気持ち良く、オートマチックに、美人なしぐさや姿勢をとれるようになります。

「角度」が美しさを決める

Lesson 2の「仕事」、Lesson 3の「恋愛」、Lesson 4の「歩き方」、Lesson 5の「写真の撮られ方」にも共通することなのですが、日常生活の中で、姿勢や動きにメリハリが効いていると、美人に見えます。

メリハリが効いた姿勢や動きは、それを見る人に刺激を与えます。刺激を受けたその人の心が揺さぶられ、「美しい」「素敵」「かっこいい」……などといった感情が生まれるのです。

この「メリハリ」はすべて、からだの「関節」から生み出される「角度」によって決まります。

たとえば、指先から手先、腕、肩。足先から脚の向き、腰。目線を含めた頭、首筋。これらはからだのある一部分ですが、それぞれの部位の関節をどのように動かすかで、角度に変化が生じ、姿勢や動きが決まります。その角度によって「エネルギー」に強い、弱いが生じ、全体の印象、すなわち「雰囲気」を決めるといっていいでしょう。

難しくなってしまったかもしれませんね。次のページの写真を見ながら考えていきましょう。

たとえば、からだの部位はどこであれ、その曲がり方が鋭くカクカクしているのは、力が入っているということですから、見る人にキリッと強い印象を与えます。

P37の上の写真はインドのヒンドゥー教の破壊の神様であるシヴァのナタラージャ(舞踏神)の像です。動きはカクカクとしていて、今にも動き出しそうです。このダイナミックな動きは、宇宙の律動を意味していますが、全体的に力強い雰囲気が出ていますね。

一方、関節のつながりに無理のないなだらかな角度は、見る人にエレガントな印象を与えます。

下のバレリーナの写真は、シヴァ神と同じように大きく手を広げた動きをしていますが、関節の曲がり方がおだやかで優雅です。

インド・ヒンドゥー教の破壊の神、
シヴァ・ナタラージャ（舞踏神）像。
カクカクとした動きが力強い印象

バレリーナのなだらかでおだやかな
動きは、見る人にエレガントな印象
を与える

角度がつくる雰囲気の違いについて、イメージをしていただけたのではないでしょうか。

このように、関節をヒネル・カサネル・カタムケル角度がせまければ、急進的な印象になります。角度がゆったりしていれば、あっさりした印象になります。

身近な例も、一つ取り上げてみましょう。たとえば、腰から上半身を深く折り、机にむかって顔を近づけ、ひじを深く曲げてペンを持って勉強しているとします。このとき下半身の膝が深く「くの字」に曲がっていれば、全体的に「たいへんそう」「難しそう」な印象になります。

ひざが浅く曲がり、脚が前方に「への字」にフワッと出ていれば、一生懸命だけれど、問題をあっさりスラスラ解いているような印象になりますね。

ただし、角度が大事とはいえ、あまりにも細かい角度を気にしていたら、動きはぎこちなくなります。あまり細かいところは気にせず、試してみてください。

それでは、毎日の生活の中で頻繁に登場するしぐさを美しくしていきましょう。

1

ひじから手首までの美しさを生かす

美人に見える女性は、つねに「一の腕」を使っている

カフェでお茶を飲んだり、仕事の打ち合せをしたりするときに、テーブルにつくことがあります。こういった何気ないシーンで美人に見える人は、テーブルの上で、一方の腕に、もう片方の手を「カサネル」しぐさをしています。

この両方の腕と手をカサネルしぐさにより、自分の前に「スペース」ができ、少しだけ近づきがたく、高貴な雰囲気を出すことができるのです。

たとえば、会話をしているときに、テーブルの上に出ている手首のあたりに、片方の指や手をカサネルと、とたんに上品な雰囲気になります。

両手をただベタッと離してテーブルに置いていたり、片方の腕だけを出していたりすると、バラバラな印象を相手に与えてしまいますが、腕と手をカサネ、つなげるこ

とで、落ち着いた雰囲気を出すことができるのです。

この両方の腕や手をつなげる行為は、じつはスピーチやプレゼン、挨拶などといったあらたまったシーンでよくとる行為です。

両手をつなげる、あるいは両手で持つなど、「両手で」という行為こそ、女性らしく丁寧な印象を与える、美人なしぐさの一つなのです。


ここで重要なのが、腕に手をカサネル場所です。

手をカサネル場所は、もう片方の腕の「ひじから手首までの間」が、もっとも美しく見える場所となります。

私たちが意外と気づいていないのが、ひじから手首までの部分の美しさです。

医学用語では、この部分を「一の腕」と呼びます。「二の腕」は聞いたことがあっても「一の腕」という呼び方は聞きなれないのではないでしょうか？

脂肪がつきやすい肩からひじまでの二の腕に比べて、一の腕は細く、スッとしています。


とくに一の腕の「内側」の美しさは、ぜひ知っておいてください。

普段、この内側部分は、注射をされるときぐらいしか意識しないかもしれません。

けれども実は内側は、日焼け跡やシミなどが少なく、滑走路のようにまっすぐで、スベスベしている美しい箇所です。この部分を生かすだけでも、美しい雰囲気を出せるといっても過言ではありません。

一方の腕の「手首からひじまでの間」に、もう片方の手を「カサネル」

「二の腕隠し」の法則

もうひとつ、一の腕の内側の美しさを生かす方法をお伝えします。

つり革につかまるときは、つり革を持っているほうの二の腕のあたりに、もう片方の手をカサネます。

すると、二の腕の太さを隠しつつ、スリムな一の腕を目立たせることができます。

つり革を持っているほうの二の腕に、
もう片方の手をカサネル

2

何気ない行動に、一つの行動を加える

美人は携帯電話を見るとき「古風な美しさ」を演出する

携帯電話を見るという行為は、いまや朝起きてから寝る前まで、一日中ついてまわるといっても過言ではありません。

この携帯を見るという何気ない行動を「美しく」することで、ぐっと美人に見えます。

ひじをささえる「手のひら返し」の法則

テーブルについている際に携帯電話を見るときは、携帯電話を持っているほうの手のひじの下に、もう片方の手のひらを、ひじをささえるようにカサネます。すると、落ち着きが出て、上品な美しい人に見えます。

携帯を持っているほうのひじの下に、もう片方の手のひらをお皿のようにして「カサネル」

ひじをささえる手のひらは、上向きに、軽く包むようにします。手のひらは、ティーカップのソーサーや、茶碗の茶托と同じ役割だと思ってください。

また、大きな腕時計をしていると、手のひらで受け皿をつくるのは難しいかもしれません。そんなときは、携帯電話を持っているほうの手のひじのあたりに、もう片方の手の指を軽くかけるだけでもエレガントに見えます。

作業をしている手を、作業をしていないほうの手がサポートすることで、動線に一つの流れができ、からだの使い方がコンパクトになります。すると、「女性らしい丁寧な雰囲気」を出すことができます。

着物を着ていて、ものを取ったり渡したり

するときに、袂をおさえる動きをしますよね。これは、片方の手がもう一方の手をサポートしているから、楚々として気品のあるように見えるのです。それと同じ効果です。

また、コンビニエンスストアなどで、おつりを渡してくれるときに、ただチャリンと小銭をお客様の手のひらに落とす店員さんもいますが、もう少し丁寧に、受け皿のように自分の手をお客様の手に添える人、受け皿の手をお客様の手に実際にカサネル人まで、さまざまな店員さんがいます。

ここでも「カサネル動作」が入っています。海外の旅行者はこういった気遣いのおもてなしに本当に驚くそうです。ささいなことが日本の評判を上げているんですね。

電車の中では「一の腕タッチ」の法則

電車内で携帯電話を見る機会も、非常に多いものです。統計によると、通勤中の地下鉄を含む電車内における携帯電話の使用率は、89％という数字があります（メトロアドエージェンシー　２０１１年度）。つまり、電車に乗るほとんどの人が、何らかの目的で携帯をいじっているということです。

すなわちそれは、あなたも私も、「携帯電話をいじっている姿」を、年中誰かから見られているということでもあります。

では、どうすればいいのでしょうか。

車内が混んでいるときは難しいかもしれませんが、ちょっとした工夫で美人に見せることができます。

ここでも、前項に出てきた細長い「一の腕」を使います。

車内で座っているときも、立っているときも、携帯を持っているほうの手のひじから手首までの「一の腕」に、もう片方の手のひらをカサネます。

こうすることで、自分のスペースを守ることができますから、落ち着いたエレガントな雰囲気をつくることができるのです。

携帯を持っている方の一の腕に、
もう片方の手を「カサネル」

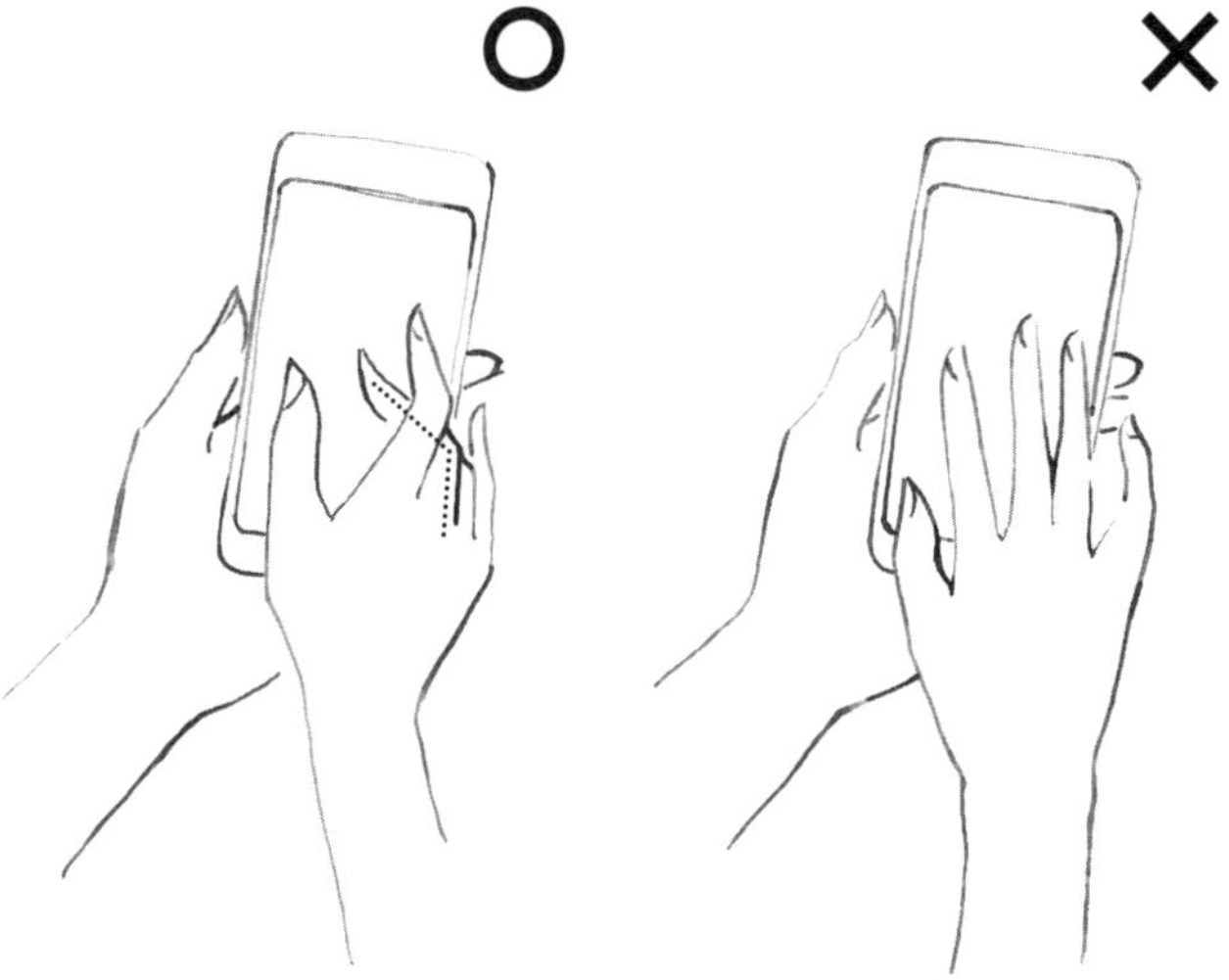

指を優雅におこす「くノ一打ち」の法則

美人に見える「携帯電話の文字の打ち方」についても、最後に補足しておきます。

上の右の絵のほうは、指をベタッとつけて打っていますね。まるで電卓で計算をしているようで、見た目が美しくありません。

左のように、手首の関節を軽くおこして、人差し指か中指を「く」の字に折り、カツカツとつつくように打つと、若々しく丁寧な雰囲気になります。

3

バッグは中身より外見 美人はバッグが目立たない

からだとバッグを一体化させる

バッグは「ものを入れる、持ち運ぶ」という実用的なものであると同時に、「アクセサリー」にもなります。

バッグの種類やデザインは、実にさまざまですが、どのようなバッグであれ、「スマートな持ち方」をすることが、美人に見えるコツです。

知っておいていただきたいのが、「美しい」とは、まず姿勢が崩れていないということです。**姿勢が崩れないのは、からだに無理かつ無駄な動きが発生していないということですから、実際にからだも疲れません。**バッグを持つときは、この「疲れない」ということが、重要です。

では、バッグのスマートな持ち方について、細かく見ていきましょう。

腕に通してひじにぶらさげる「キュッとバッグ」の法則

バッグの持ち手を腕に通し、ひじにぶらさげる持ち方から、お伝えしていきます。小さなハンドバッグから、本やA4サイズの書類が入るやや大きめのものまで、この持ち方ができるバッグは、実にさまざまなタイプのものがありますが、すべて持ち手が短いのが特徴です。

このタイプのバッグは、からだにピタッとくっつけて、腕に通し、ひじにさげます。すると、重心が二分されないので、楽に持つことができます。このとき、少しキュッと脇をしめることで、女性らしく見えます。大きなバッグであれば、なおさらです。

もちろん、男性のように持ち手を上からがしっとつかんで持つこともできますが、それは美しくありませんし、からだも疲れますので、避けましょう。

どのようなバッグであっても、自分のからだから離さないことが、美しい持ち方の秘訣です。

バッグがからだにフィットし、ほどよくカサナッテいることで、バッグと自分が一体化し、「使い慣れている感じ」が出ます。すると、見る人に「颯爽とした美しい大人の女性」という印象を与えることができます。

からだとバッグの距離が離れ、一体化しないことによって、バッグだけが目立ち、

「自分のもの」という印象も薄くなります（とくに大きなバッグは注意）。周囲にはバッグのブランドの宣伝をしているように映ってしまいます。

腕にバッグの持ち手を通す「キュッとバッグの法則」の持ち方をするときは、手首をヒネッた「手首返し」で持つようにしましょう。手首は、内側を上にしてやわらかい印象の一の腕を見せてもよいです。**とくに誰かと待ち合わせをするときには、この持ち方でたたずんでいることによって、美しい雰囲気が出ます。**キュッと脇をしめ、バッグをからだにピタッとくっつけておくことは言うまでもありません。

ところが、よくバッグをさげているほうの手の親指を真上にして、こぶしをギュッと握り、前に突き出すファイティングポーズのような持ち方をする方がいます。これでは、待ち合わせで先に到着して相手を待っているときに、ケンカを売っているような印象を持たれかねません。**バッグをさげているほうの手の指先は、ギュッと握らずフワッとさせておくことで、優しい雰囲気になります。**

人は、相手の印象を一瞬で見極めているのですから。

○

キュッと脇をしめ、
ぶらさげる「キュッ
とバッグの法則」

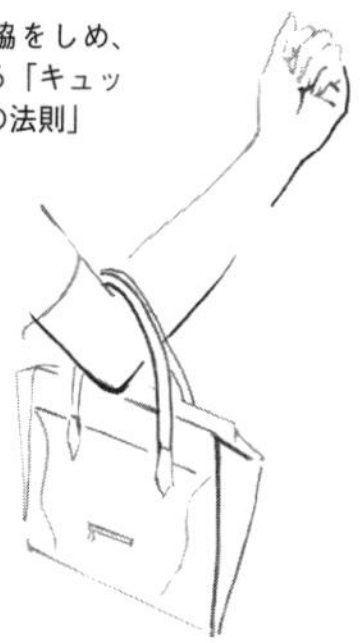

×

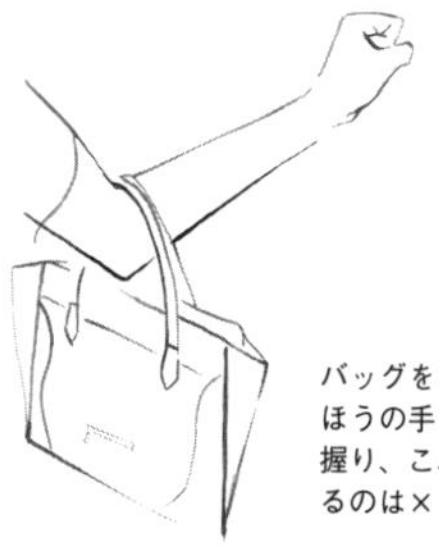

バッグをさげている
ほうの手をギュッと
握り、こぶしをつく
るのは×

ショルダーバッグは肩にかける「ピタッとバッグ」の法則

ショルダーバッグは、P53の右の絵のように、ショルダーベルトを肩にかけ、その肩にかけているほうの手でショルダーベルトをつかむ、あるいはバッグとショルダーベルトを留めている金具や、バッグの中央などにある留め金のあたりをおさえます。こうするとバッグが揺れませんし、手が目立たないので、上品に見えます。

このときも、脇をピタッとしめて、バッグをからだにくっつけて持つことを忘れないでください。

クラッチは「つまんでバッグ」の法則

パーティーなどで持っていると愛らしいクラッチは、その名のとおり「つかむバッグ」です。

小さいクラッチは、底から抱えるように持つのではなく、上からつまむようにして持ちます。このときわしづかみにするのではなく、人差し指や中指をのばしてフワッとつまむとエレガントです。

肩にかけているほうの手で、ショルダーベルトを留めている金具、バッグの中央などにある留め金あたりをおさえる

クラッチは、上からつまむようにして持つ

ある程度の重さがあるとずっとつまんでいるのは疲れるかもしれません。この場合は下から支えますが、写真を撮られるときなどは、また持ち替えてください。

ちなみに、今から80年以上前、そんなクラッチバッグに「失くすかもしれないと考えるのがおっくうだから」という理由で肩にかけるひもをつけてしまったのが「シャネル」です（これがショルダーバックの発祥といわれています）。

さげるバッグは「小指」の法則

荷物がたくさん入り、使い勝手の良い大きなトートバッグは、持ち手を小指まで使ってしっかり握るのがコツです。

美しく見えて疲れない秘訣は、「小指がしっかり使えているかどうか」です。

実は小指は力持ち。腕のなかを通る2本の骨のうち、1本は小指の関節の延長線上にあります。

ものがたくさん入ったスーパーのビニール袋を手で持ってみてください。あるいは持つとイメージしてみてください。

小指なしの4本の指で持つときと、小指を入れて5本の指で持つときとでは、持ちやすさ、運びやすさは雲泥の差ではありませんか？

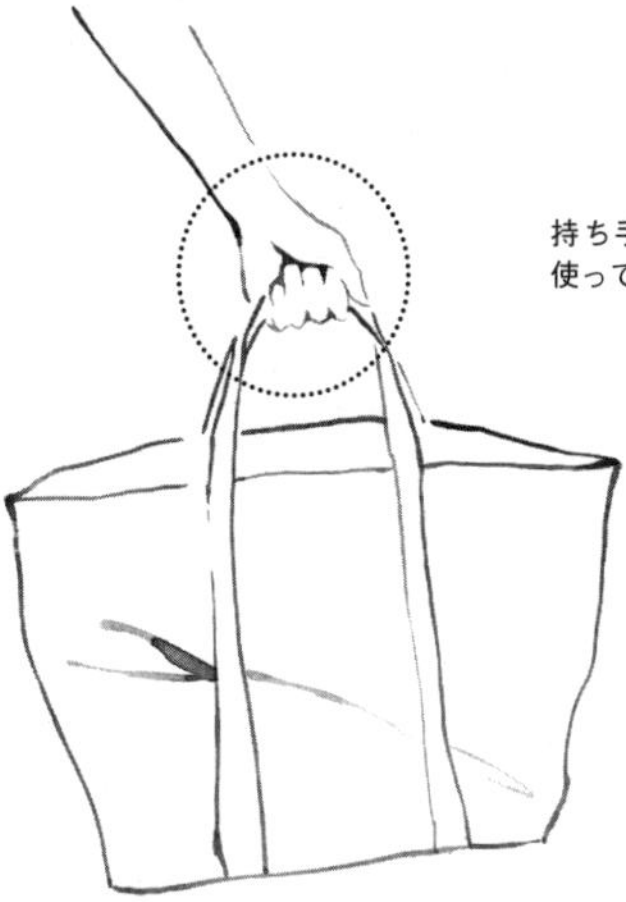

持ち手は、小指をしっかり
使って握る

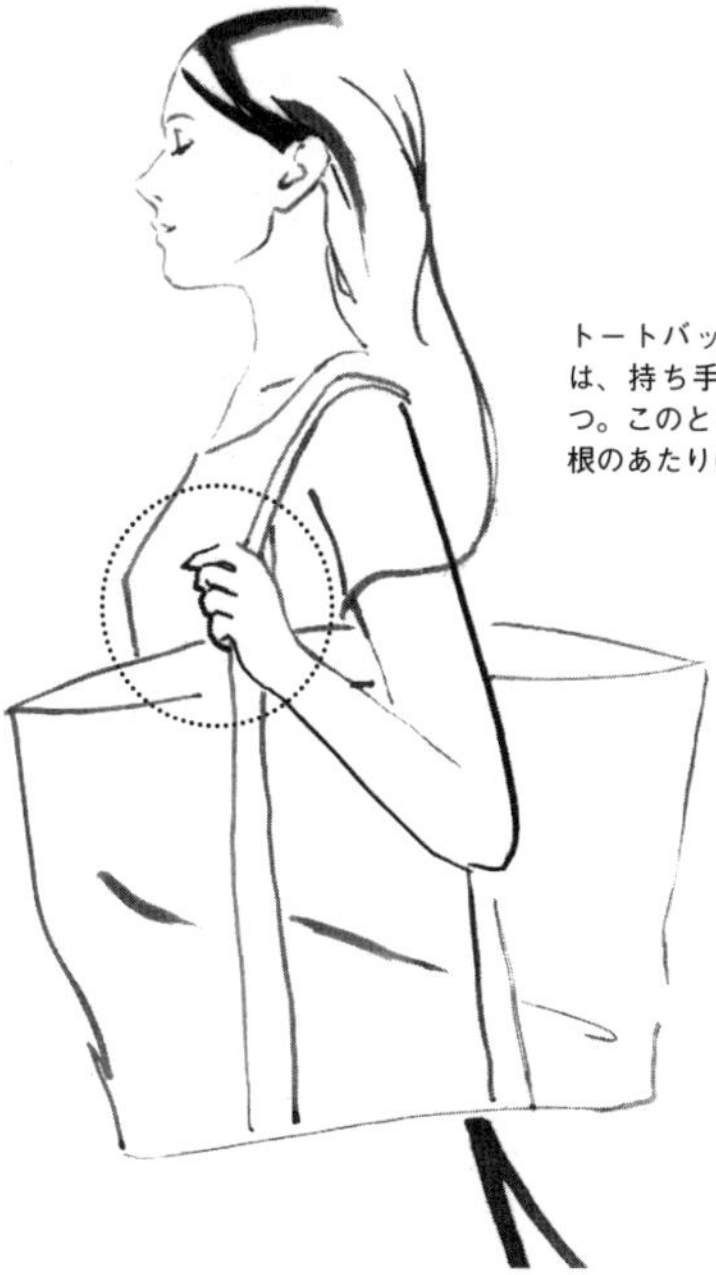

トートバッグの形によって
は、持ち手を肩にかけて持
つ。このとき、持ち手の付け
根のあたりに手をそえること

小指に力が入ることで、楽にビニール袋を持つことができるはずです。つまり、小指が重要な役割をしているということです。

ただし、身長によっては、持ち手が長かったり、縦に長いトートバックだったりすると、持ち手を握る持ち方ではスタイルが悪く見えることがあります。

そんなときは、持ち手を肩にかけ、持ち手の付け根のあたりに手をそえましょう。

見る人の視線を「上」に集めることができ、スタイルが良く見えます。

4

「知性」のある美人は、セクシーでミステリアス

「本」は最高の演出道具

エレガントな自立した女性にとって、本は最高に相性の良い小道具です。カフェなどで待ち合わせているとき、一人でくつろいでいるとき、あるいは電車での通勤通学のとき、本は、持っているだけで雰囲気づくりに一役買ってくれます。

本を読む姿は、見る人に、静かで、美しい印象を与えます。読書をする女性の様子は、絵画のモチーフにもたびたび登場することからも（フラゴナールの『読書をする娘』や、ルノアールの『読書をする女』など）、いかに読書をする女性が美しく見えたかが伺えます。

人が何かに集中している姿は、凛として美しく、雑念を感じさせないため、無意識に惹きつけられるのです。

また、本は「知性」の象徴ともいえる存在ですが、ときにセクシーでミステリアスな印象を抱かせます。

たとえば、欧米のドラマなどで、図書館の司書はたいていメガネをかけていて、メガネをとると実は美人だったという設定がよく登場します。**欧米には、「文字に囲まれている生活は、秘密めいていてエロチック」という見方があるのです。**

もともと文字は、高級官僚しか把握できない暗号のようなものでした。文字を読める人は教育を受けることのできたお金持ちだけ。ルイ15世から寵愛されたポンパドウール夫人は百科全書派の活動を援助し、世に広め、それをステータスとして、自身の肖像画の背景にも、並べた事典を描かせていたほどです。

本のサイズと内容によって「持ち方」を変える

小さい文庫本を読むときは、トップバストのあたりで持つと、もっとも愛らしく見えます。

頭は本のほうにゆるくカタムケ、両手で本を持ち、ひじは鋭角のまま、脇をしめ、胸の前で本をささえます。

片手で本を持つときは、本を持っているほうの手の手首のあたりを、もう片方の手

「文庫本の読み方 ①」
「両手で持つ」
胸の前で本を両手で持ち、脇をしめ、頭を本のほうにゆるくカタムケル

「文庫本の読み方 ②」
「片手で持つ」
本を持っているほうの手の手首のあたりを、もう片方の手でささえる

「単行本の読み方」
机にひじを直角について、姿勢よく読む

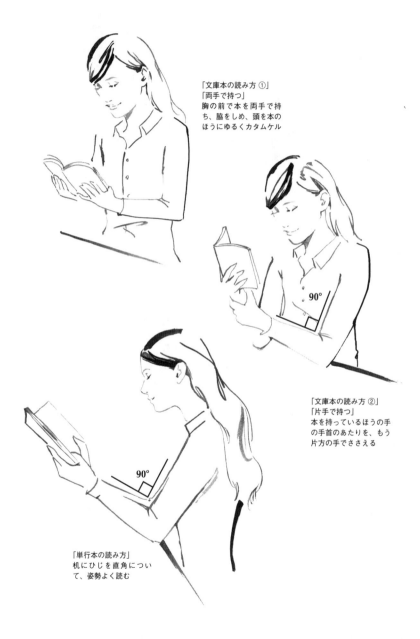

でささえると、ものの扱いが丁寧な人に見えます。Ｐ43の携帯電話の項でお伝えした、動線を一つの流れにするときれいに見えるのと同じ効果です。

文庫本よりも大きい、四六判などの通常のサイズで、内容も装丁も堅い本であれば、机につけたひじを直角にして姿勢よく読むと、凛とした雰囲気がただよいます。

大きめの雑誌や本を読むときなどは、カフェのソファなどの席を選び、本を膝に乗せ、優雅に眺めるようにして読みましょう。

そして、季節にもよりますが、本を読むときは、あえて袖をまくり、「一の腕」を見せると魅力的です。「静かで知的な読書」という行為とは対照的な「野性味のある腕まくり」という行為をすることで、ミスマッチ感が出て、見る人の心を動かし、視線を引きつけます。と同時に、ここでも一の腕の美しさを印象づけられるのです。

本を小脇に抱えて「こなれ感」を出す

雑誌は持っているだけでも絵になります。ただし、薄い、デザイン性の高い表紙の雑誌にしましょう。薄い雑誌をクルッと半分にまるめて持っていると、スポーティかつ知的な雰囲気がただよいます。

「大きい雑誌や本の読み方」
本をひざに乗せ、眺めるように読む

薄い雑誌などは、クルッと半分にまるめて小脇に抱えて歩く

5

イスの「ひじかけ」を使いこなし、「重心」で差をつける

リラックスするだけじゃつまらない 美人は「アンバランス」をつくる

イスに座るときは、イスの「ひじかけ」を使うと、美人に見えます。

ゆったり寝そべるように座り、クイッとひじかけにひじを立てると、そのくつろぎ感と緊迫感のコントラストが、都会の中のオアシスのようなエキゾチックな雰囲気をつくり出してくれます。


人は「リラックス」と「スリリング」の間に惹かれる

突然ですが、ハリウッド女優のシャロン・ストーンが主演した『氷の微笑』（1994年、アメリカ）という非常に有名な映画があります。

シャロン・ストーン演じる主人公のキャサリンが取り調べ室で座っていたのがひじ

映画『氷の微笑』（1994年、アメリカ、シャロン・ストーン主演）の名場面。脚を組んだ優雅でセクシーな座り方が話題となった

かけイスです。映画のなかで、キャサリンは片手にタバコを持ち、もう片方の手はひじかけにかけて優雅に座り、尋問を楽しんでいるかのようです。何の変哲もないイスを、座り方だけで、自分の魅力を引き立てる道具として使っています（このシーンは、キャサリンが妖艶に足を組み替えることで有名になり、動画が世界一再生されました）。

では、雰囲気が出るひじかけイスの座り方について紹介しましょう。

Ｐ65の絵を見てください。まず、ひじかけがあるイスには、左右どちら側かの角奥にまで、ぴったり腰を押しつけます。その角奥に重心をかけ、全身が流れるように、斜めにからだをカタムケテ座ります。

重心をかけているほうのひじかけに軽く腕

をたらします。反対側の腕は、ひじかけの上にひじをキリッと立てると、ほどよい緊張感が生まれます。

全身の気が抜けていると、寝そべっているようで下品に見えますから、ご注意を。

こうして、相反し、メリハリのあるしぐさをからだに入れることで、見る人をドキッさせる雰囲気をつくることができます。

ひじかけのあるイスに座っているのに、ひじかけを使わないでイスの中央にちょんと座っていると、両側からからだが挟まれている印象になり、子どもっぽく見えてしまいます。

かといって、両ひじを横に広げると、女王様ポーズになり「ナニ様?」と思われてしまいますので気をつけましょう。

そして、言うまでもなく、このひじかけを使う座り方は、ビジネスシーンでは厳禁です(とはいえ、ご自身の役職や立場によっては、効果的に使うことも可能です)。

ビジネスシーンでは、美しいと同時に信頼される座り方をすることが重要です。それはLesson 2で説明いたします。

ひじかけのあるイスでは、とことん「リラックス感」を出してみましょう。

イスの左右どちらかの角奥にまでぴったり腰を押しつける。角奥に重心をかけ、全身が流れるように斜めにからだをカタムケル。重心をかけているほうのひじかけに軽く腕をたらす

6

美人は脚の隙間を見せない

脚をカサネル場所で違いを出す

美しいと思われる女性は、服を選ぶように、出かける場所に合わせて雰囲気のつくりかたを変えています。その場を自分のムードで満たし、一時的に場を独占してしまうのです。

前項に続き、座ったときのさまざまな脚の組み方で、いろいろなタイプの美人に見せる方法を説明します。

脚を組んで両脚をカサネルことで、脚の隙間がなくなり、脚は一本脚に見えます。そのため、立つにしろ、座るにしろ、脚を組むことで、X脚やO脚などといった脚の形をカバーできるので、スタイルがよく見えます。

エレガントに見えるコツはピタッと組まずに、フワッと組むことです。からだ全体から見て、脚は大きな割合を占めています。そのため、脚をピチッと組むと、窮屈で神経質そうな印象を見る人に与えてしまいます。それでは、つくりかたを見ていきましょう。

エレガントな「秘書カサネ」―カサネテ横に流す―

就職試験の面接などで、きちっとした印象をつくるには、膝からくるぶしまでを垂直に立てますが、ややくだけてよい場面や、やわらかい印象にしたいときは、その足を横に流します。

よくひざ頭をそろえて、両足を同方向にそろえてカタムケテいる人がいますが、それではカタムケタ方向とは反対側の靴の外側が床から浮いてしまいます。安定しませんし、かならず腰痛になります。疲れずに美しい横流しの座り方は、次のようにしてください。次のページの絵を見ながら実践してみましょう。

①ひざを90度に立てて座ります。
靴のサイズの2分の1ぐらい両足を前に出します。

②倒したい方向の足だけナナメ内側方向に後ろに戻します。
前になっているほうの足の「かかと」を、後ろに戻したほうの足の「土踏まず」に合わせます。（左右のひざ頭が少しずれていれば、きちんとできています）

③ それから、後ろに引いた足の方向に両脚をカタムケます。

座って写真撮影をするときは、この姿勢が基本です。

集合写真で前列に座るときは、自分の靴のサイズ分くらい、前に脚を出すと、脚が長く見えます。

「秘書カサネ」
「倒したい方向の足」だけ、後ろに戻すのがカギ

リラックスする「エリザベスカサネ」
―くるぶしでカサネル―

Ｐ71の右の絵のように、両足のくるぶしをクロスさせてカサネテ座るのもエレガントです。

人前で足を組むのは正式な場ではお行儀がよくないとされていますが、くるぶしをカサネルのは良しとされています。

イギリスのエリザベス女王も、野外でスポーツなどを観ているときには、この姿勢で座っています。

セクシーな「シャロンカサネ」
―縦にカサネル―

女優のシャロン・ストーンさんから名前を拝借。セクシーな美女に見せるには、高く脚を組むことです。細長く、自分の身長をも高く見せることができます。

つくりかたは、Ｐ71の左の絵のように、片脚のももの上に、反対の脚を乗せます。

このとき、脚は腹筋で引き上げます。長時間この座り方を続けるのは無理ですが、ぐっと美人な雰囲気が出るので、写真に撮られるときなどに使えます。

やってはいけないのが、上になる脚を、その重さにまかせて下の脚のももにべったりと乗せてしまうことです。ふくらはぎが広がり、脚が太く見えてしまいます。

また、両足の甲は伸ばしましょう。**人間の骨の中で一番長いのが脚の付け根からひざまで（大腿骨）ですが、ひざからかかとまで（脛骨と腓骨）を長く見せるほうが、いわゆるブーツ効果で脚が長く見えます。**

ちなみに、この座り方は、男性が書き物をする際、机の代わりにひざを使う必要があったことから生まれた姿勢です。ピアノの脚まで隠されていたような時代でのことですから、当然、女性が脚を見せるのはご法度とされ、女性がとるべき姿勢ではありませんでした。

だからこそ、現代において女性がこの「シャロンカサネ」で座っていると、少しの「不謹慎さ」と「崩し感」が相まって、「かっこいい」と感じられるのです。

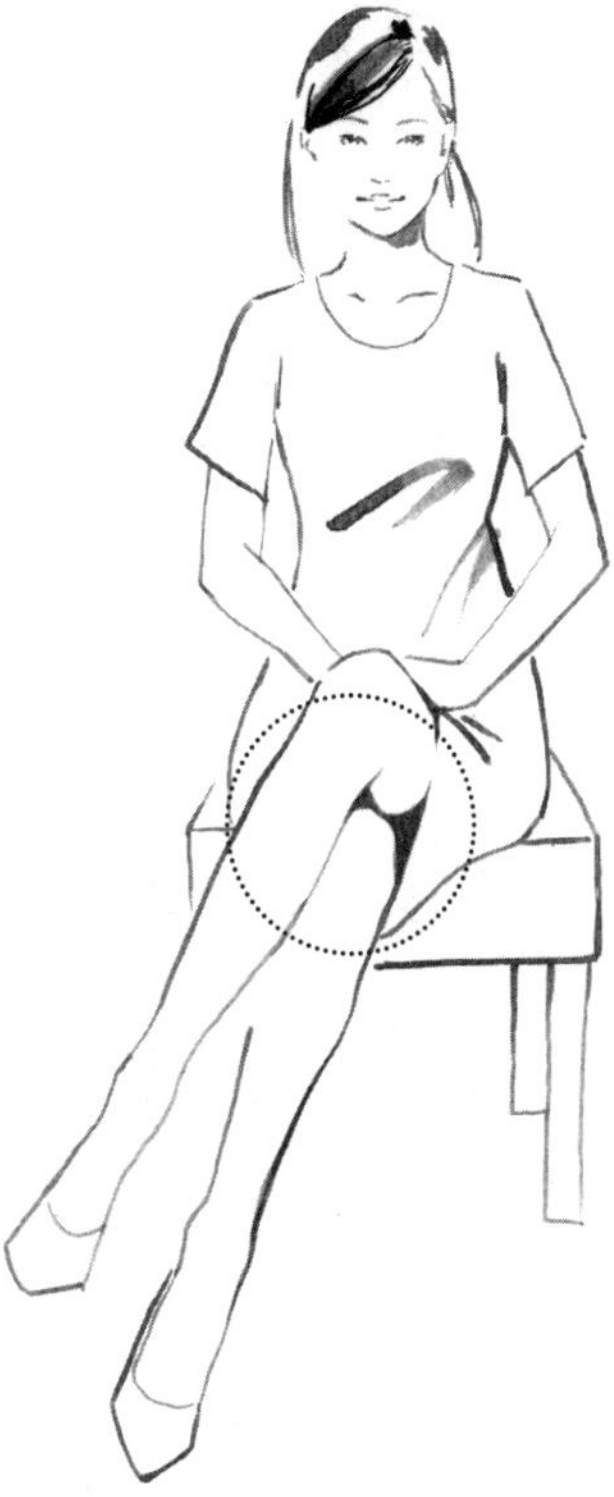

「シャロンカサネ」
セクシーにかっこよく見せたいときは、腹筋を使って脚を引き上げ、ももの上で脚を高く組む

「エリザベスカサネ」
リラックスしたいときは、くるぶしで足をカサネル

「渋谷カサネ」
ときに少女らしく、かわいらしく見せたいときは、脚を「ハの字」にする

かわいく見える「渋谷カサネ」
―カサネテひらく―

ひざ頭をつけて、足先を「ハの字」にすると、少したよりなく女学生のような雰囲気になります。その際、足先を内側に入れるとモジモジしたかわいらしい雰囲気になります。

〔7〕

ハイスツールで足先はそろえない

美人は足先で不安定な「美しさ」を演出する

では、同じイスでも、イスじたいが目立つ「ハイスツール」に座るときは、美人はどのような座りかたをしているのでしょう?

スツールとはひじかけと背もたれのない一人掛けのイスのことです。バーのカウンターによくあるイスですね。一人ですまして座っていると、ちょっとミステリアスに見えます。

普段はあまり意識することのない、このスツールの形について考えてみましょう。スツールには、背の高いものから低いものまで、さまざまな形があります。背の高いものは、その足がシュッと銀色に輝いて目につきます。鏡台の前に置くドレッサースツールには、ねこ足などの凝ったデザインが施されているものもあります。

つまり、スツールは、その足を目立たせる造形となっているのです。**ですから、このスツールがお店にあると、存在感を発し、アクティブでかっこいい雰囲気になります。したがって、ここに座る人も、アクティブでかっこよく美しい人に見えます。**

パーフェクト・スツール・ルール「止まり木にとまらないで」

では、座り方です。そもそも高いところに座るのは、テニスの審判席のように目立つということを、覚えておいてください。

また、スツールは、ゆっくり長時間座っているものではありません。どっしりと座るのではなく、軽やかにたたずんでいるような姿を印象づけましょう。

背もたれはほとんど使わず、背中を軽くささえる程度と考えたほうがよいでしょう。

絵のように、脚をももで組むとゴージャスになります。ステップのところで、くるぶしをクロスにカサネたり、左右のつま先は、上下どちらかにずらすと自然なリラックス感が出ます。

姿勢よく、脚をももの上で組むとゴージャスに見える

足が地面まで届くぐらいの高さのスツールだったら、片足を地面につける座り方も、スタイルがよく見えて、エレガントです。ぜひ、挑戦してください。

やってはいけないのが、ステップでつま先をちょこんとそろえる座り方です。この座り方は、止まり木で休んでいる小鳥のように見えてしまい、美人とはほど遠いといえます。さらにこの座り方で「ねこ背」の状態だと、ふくろうのように見えてしまいます。

8

ヒネッて上品に靴をそろえる

美人は、しゃがんでも色っぽい

意外な組み合わせ、つまりミスマッチな印象が、見る人をドキッとさせることは多々あります。

じつは、しゃがんで「姿勢が崩れている」状態であっても、美しく見せる方法があります。

しゃがむときの動きは、「逆ヒネリで」と覚えてください。

動作の方向とは逆に、からだの一部をヒネルことで、ウエストラインがはっきりして女性らしさが強調されます。

この逆ヒネリは、西洋の絵画において、ベッドの上で横たわる女性らしいポーズとして好まれました。19世紀に活躍したドミニク・アングルの『グランド・オダリスク』（訳すと「横たわる側女」）では、からだの正面は見せずに背中、おしりが見えていて、「何か？」というように、顔だけでチラッとこちらにヒネッています。何か気になるのは、心理学でいう「胴体の向きが本音で顔の向きは嘘」をついているからか

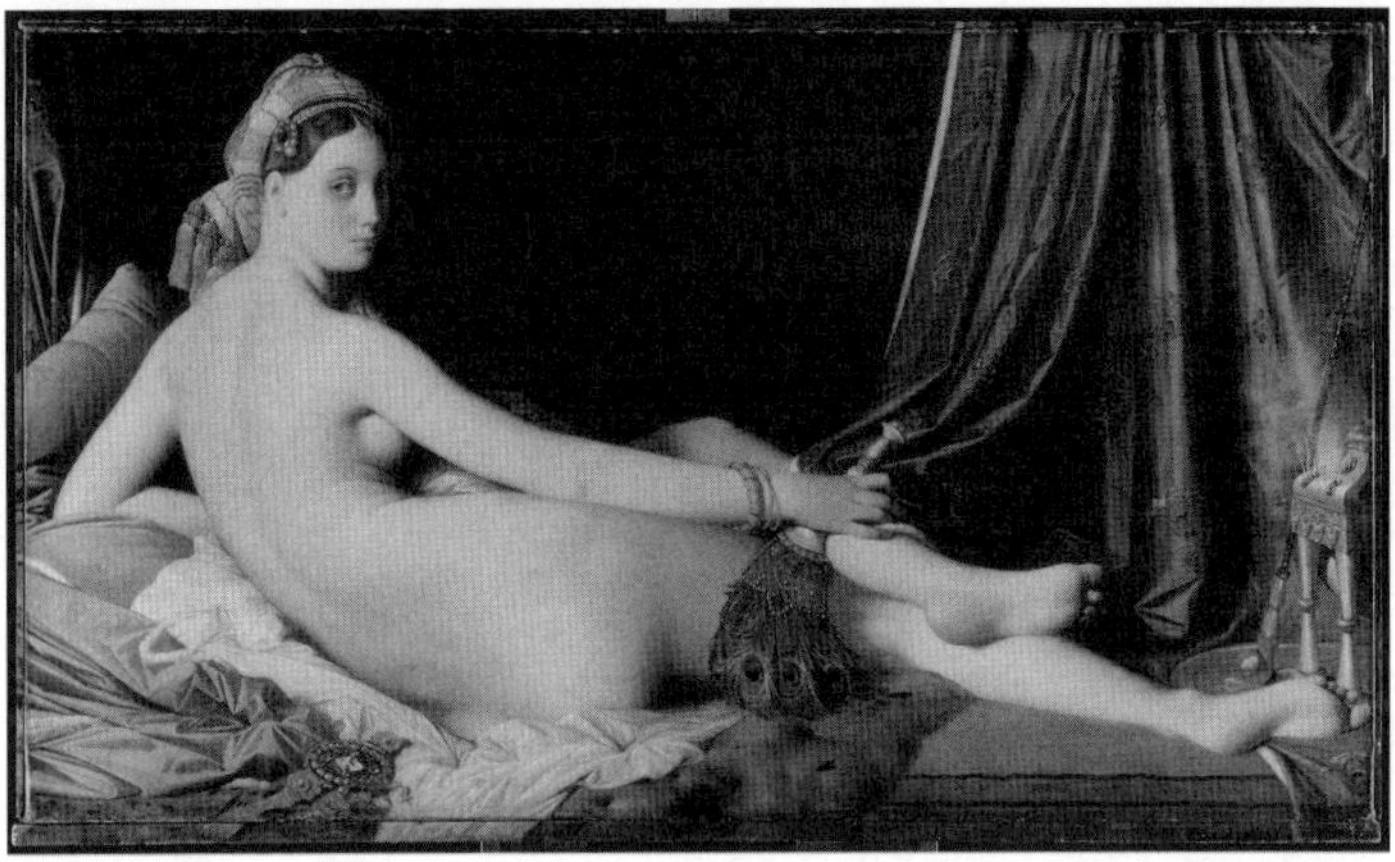

ドミニク・アングル『グランド・オダリスク』

もしれません。

ちなみに、この絵のポーズのように、西洋で好まれる、ウエストを境に上半身と下半身で逆にヒネルと美しいという発想は、日本の美術史では近代になってから入ってきました。

着物を着ているせいもありますが、日本女がはっきりしていませんでした。世の風潮からも、プロポーションを自慢するなんてもってのほか、はしたないこととされていました。日本における女性らしい美しいしぐさの要は、おだやかにからだをカタムケテ優雅に科《しな》をつくることでした。

さて、実際にはどんな場面で、この態勢が使えるのでしょうか。

もっとも多いのは、個人宅にあがり、脱いだ靴をそろえるときでしょう。

玄関の上がり框では、靴を入って来た方向のまま脱ぎ、部屋にあがりスリッパを履きます。

それから半身になって中腰で座り、主人側にお尻を向けないように、上半身だけ外のほうにヒネッて、靴の足先を玄関の外に向けてそろえます。

「逆ヒネリ」は、こんなときにも使えます。

歩いていて落し物をしたときに、振り返りながらしゃがむ。子どもを寝かしつけるときにベッドに腰かけ、顔だけ子どものほうをむいて話すなどというのはいかがでしょう。

男性目線で恐縮ですが、服の生地が引っ張られて、普段顕《あらわ》にならないウエストラインがはっきり見えることで、ドキッとするものです。

もっともボディコンフェチは男性ばかりではありません。私の友人の女性は、つり革につかまっている男性のスーツの「背中のしわ」にときめくそうです。

隠されたボディラインを感じさせる動きが、ふとした瞬間にハッとした美しさを感じさせるということを、覚えておきましょう。

半身になって中腰で座り、上半身だけ外のほうにヒネル

9

どの角度から見ても美しく隙を見せない

美人はゴージャスに車を乗り降りする

ハリウッドのセレブリティがレッドカーペットに到着！　その次の日にウェブサイトにアップされるのは、車から降りるときにセレブたちのスカートの中が見えたか見えないかを論じる記事と写真です。

私たちはあこがれている人のスカートの中をのぞきたいなどとは思っていません。**ただ、何かハプニングが起きることは、いつも期待しているのです。車の乗り降りは、まさにそんな機会といえます。**

また、車の中も、「美人度が高いしぐさの人」と「そうでない人」の差が出やすいシチュエーションです。

うっかりさえしなければ、車の乗り降りも、車の中での振る舞いも、美しいしぐさ

ひざ頭をそろえると同時に両脚を同時にカタムケ、カサネタまま地面に着地。着地させてから外に出る

を見せつける絶好の機会です。

「ニーキッス」でエレガントに

「ニーキッス」とは、"Knee Kiss"。つまり、両ひざが離れないというイメージの造語ですが、これが車を乗り降りする際には非常に重要になります。

まず、車に乗るときは、荷物を先に席の奥に入れ、シートの端に浅く腰掛けてから、奥にスライドするように腰をつめます。それから膝をそろえたまま、脚を引き上げ車の中に入れます。

さらに重要なのが、車を降りるときです。車を降りるときは、ドアをあけ、ひざ頭をそろえると同時に両脚を同時にカタムケテ、ドアの外に出します。

それから両足を持ち上げ、両足をカサネタまま、地面に着地します。

ここで、「(着いたわ)……」という「間」が大事です。

ちゃんと足を着地させてから、外に出ます。

ゆっくり段階を踏んで動くことがコツです。

また、レストランの前で車を止めてもらってから、運転をしていた男性がドアをあけてくれるのを待つのは、現代では不自然ですし、あまりスマートとはいえません。自分でドアをあけて降りましょう。

男性が助手席のドアをあけるという行為は、昔は車の座高が高く、女性は男性のフォローなくして車を降りることができなかったから発生しました。また、道路が整備される以前は、男性は女性の側にまわって足元にぬかるみなどがないかを確かめていたそうです。どちらも、現代では必要ないですよね。

車の中では少しからだを「カタムケル」

車の中での振る舞いについてもお伝えしましょう。

おもにデートのときでの振る舞いになりますが、助手席に座ったら、ひざ頭をカサネテ、運転席のほうにカタムケます。

上半身がほんの少しだけ男性のほうにカタムイテいることで、男性は身を任せられている気分になります。

10

美人は、服を着ると同時に気分もまとう

素材とデザインで差をつける着こなし術

おしゃれな人たちは、合理的な服選びをしています。

昨今では、「いかにシンプルにすごすか」ということに重きを置く風潮もありますから、なおさら所有する服の数を増やさないように、上手にコーディネートする人もたくさんいますね。

そのような人たちは、上質な素材で、かつベーシックなデザインの長く着られる服を選んでいます。それは、誰からも「いいね」と評されたり、かつ長く愛されてきたであろうものです。

つまり、そういったみなが認める「良い服」とは、じつに多くの人の手にわたり、着られているということです。（実際に、「お気に入りの洋服」調査で、大手のブランドのある服は、20～69歳までの消費者3万人の統計で、20～24歳までが2位になった

ほかは、全ての世代で1位になっています（『世代×性別×ブランドで切る』２０１４年版）。

ということは、特別に美しく、素敵に見えるあの人も、みなと同じ服を買っている可能性があります。

何が違うかと言えば、「見せ方」です。

シンプルで、かつみなと同じような服だからこそ、美人に見える人は「着こなし」で差をつけているというわけです。

メリハリをつけて着るか、服そのものを生かして着るか

美人に見える着こなしの基本は、「コントラスト・フィッティング」（造語）か、「マッチ・フィッティング」（造語）かをはっきりさせることです。

堅い服は堅苦しく着ない、逆にやわらかく身軽な服はきちっとした立ち居振る舞いで着る、というのがコントラストをつける着かた、つまり「コントラスト・フィッティング」です。

一方で、生地の質感やカッティングラインを優先する、つまり服じたいに存在感が

あるものなら「服に従う」着方が、「マッチ・フィッティング」です。

では、具体的に説明していきます。

「カジュアルな服」は、だらしなく着ない

カジュアルウエア（Tシャツやセーター、ジーンズなど）は自分のからだにもやさしく、かつ他者にも打ち解けてすごしやすい服です。

だからこそ、だらっとせず、背すじをのばして着ることです。実はカジュアルな服こそ、美しく着こなすには、体型の維持や、ヘアスタイルや美容などに気を配っているかが重要になります。服そのものの質感が出せないからです。

「贅沢しない分、中身（自分）に投資しているスマートカジュアル感」を出すことが、美人な雰囲気を出す秘訣です。

「厚い生地の服」を着たら、クネクネ動かない

この本では、「からだのどこかをクネッとヒネルなどの動きを取り入れましょう」とお伝えしてきましたが、厚い生地の服を着るときは例外です。イギリスの近衛兵の

ように、なるべく直立不動の姿勢で着ます。

冬のコートをイメージしてください。大きなカットで優雅に見えるコートを着て、クネクネ細かく動くと毛布をはおっているように見えます。厚手のスーツもしかり。カチッとした服は、マネキンが着ているように、シルエットを崩さず、「直線で着る」のが理想です。脱いだらリラックスしましょう。

「光る、透ける、揺れる服」はドサッと動かない

「光る、透ける、揺れる」服やアイテムは、男性が女性に対して「女性らしい」と感じる三大要素です。なぜなら、男性が普段着たり身につけたりしないものだからです。

これらは、若さや躍動感、きらめきやときめきが生まれる服です。ですから、いつでもさわやかな動きを心がけます。

けれども、こういった生地の服を着て、ゆっくり動いてはいけません。パジャマのように見えるからです。もともと光る素材の服は、ライトの光を反射させるために夜に着るものですから、昼間に着てモサッとした振る舞いをしていると、品が悪い印象になってしまいます。

ただし、光る服の本来の力を発揮する夜のパーティーなどで着る場合は、逆に落ち着いたゆっくりとした動きで着るほうがシックです。服じたいがライトをキラキラ反射し、躍動感を出してくれるからです。

「フォーマルな服」を着て、難しい顔をしない

スーツ、ジャケットなどのカチッとしたビジネスウエアを着ていると、それだけで堅いムードになります。場にもよりますが、式典などで真面目な堅い表情をしていると、借りてきた服を着てきたような印象を感じさせてしまうものです。

フォーマルな服装のときは、口角だけをクイッと引き上げたモナリザのような気品あるアルカイックスマイル（ギリシャの平和なアルカイック時代の彫像にほどこされた笑顔）を浮かべましょう。そうすると、余裕が出て、エレガントに着こなしているように見えます。

冬でも「見せる」、夏でも「隠す」

繰り返しになりますが、関節の角度に「感情」が出ます（P34参照）。

冬であっても、手首、鎖骨の凹凸が見える角度を意識しましょう。コートの下に見える鎖骨、袖から出る手首に気を抜かないことです。鎖骨は首をヒネッたときに目立ちます。

夏でも、座ったら脚はバラバラに広げず、ひざや、くるぶしをカサネルと上品です。

服のシルエットにかかわらず、夏は開放的で動きがだらしなくなります。歩いているときは自然でも、座って動きが止まったときに、脚を広げていると雑な性格に見えます。Ｐ66の脚の組み方を参照してください。

How to Create an Aura of Beauty

Lesson 02

An Aura of Beauty at Work

仕事で
評価される
美人な「しぐさ」

「職場はステージ」

Lesson 2では、仕事の場面において、美人に見える姿勢やしぐさについて説明していきます。

対外的に人とかかわる仕事をしている方には、とくに身につけていただきたいしぐさです。

「仕事に美しさは必要？」などと思われるかもしれませんね。

では、仮にあなたが起業し、ビジネスパートナーを決めると考えたらいかがでしょう。経歴も大事ですが、それよりも長く一緒にやっていけるのかどうか、その人のちょっとした所作や行動から人柄を想像し、判断するのではないでしょうか。

職場内で仕事をする姿が美しければ、より「いい仕事」がまわってくるかもしれません。

実際に、私の知り合いの女性経営者は、一見同じようにぼんやりしているように見える社員でも、美しく見える人は「何か考えごとをしているのね」と感じ、そうでない人は「さぼっている」と感じるそうです。

仕事では、プライベート以上にシビアに見られてしまうこともあるということです。

ですから、人から「見られる」ことに意識を配っていきましょう。

そして、仕事における美人とは「できる雰囲気」を身につけている人のことです。

「できる雰囲気」とは、「きびきびしているけれど、丁寧」に見えることです。

ここがプライベートにおいて目指す美人像とは異なる点です。

ではくわしく説明していきましょう。

仕事のできる美人は、心地よく、絶妙な「距離」をとる

まず、近くにいる人と、気持ちよい関係をつくるための雰囲気づくりについて考えてみましょう。

人の好き嫌いは、「暑い」「寒い」などのように原始的な感覚を司る脳の器官によって判断されています。

その判断を左右する第一歩となるのが、言葉を発する以前の、「相手との距離のコントロール」です。

それは会話に置き換えれば、場や相手に合わせた敬語使いにあたります。

相手と心地よい距離を自然に取れる人は、単純に好かれるだけでなく、「感じがいいな」「素敵だな」という印象を持たれますから、トータルでバランスの良い人、信頼できる人と思われます。これこそ、「仕事ができて美人」に不可欠な要素です。

では、そのような人は、いったい他者とどのような距離感を築いているのでしょう。

コミュニケーションの基本は「間合い」

仲の良い親友なのに、少し会わないでいると、なぜか次に会う機会も逃してしまったという経験はありませんか。

親しくなるには、つねに密接な関係でいればよいのかというと、そうでもありません。自分が近づきすぎたせいで甘えが出て、わがままを通すようになったり、相手から頼られすぎてしつこいと感じたり、親切にされすぎて束縛を感じたりすることもあります。互いに円滑な関係を保つには「間合い」が大切なのです。

そして、親しみを感じさせるしぐさや、気遣いの態度、目線の運びかたなども「間」の調節に使うことができます。

ビジネスのコミュニケーションにおける、相手とのベストな基本の位置関係を、次の「HKKの法則」で理解し、職場や取り引き先などで使ってみましょう。

1 ｛ヒネル｝

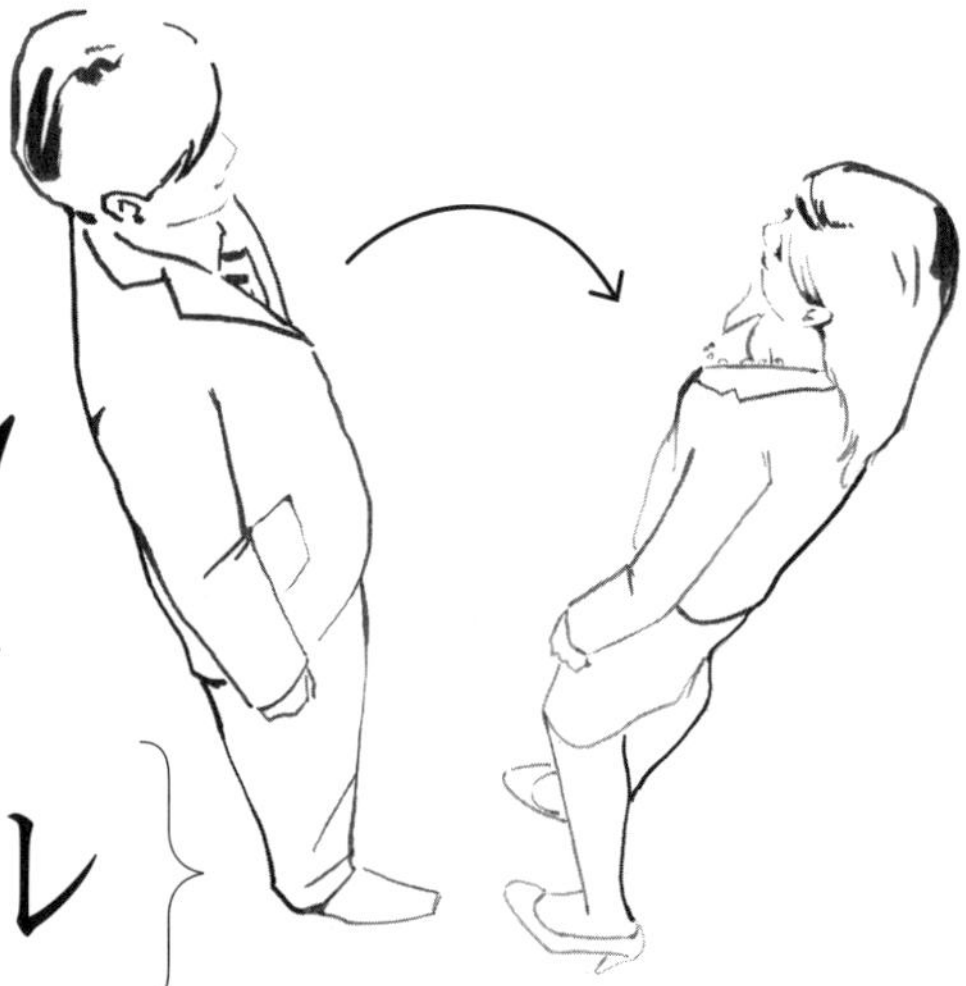

「ヒネル」
…からだをヒネッて、
相手との「隙間《すきま》」を調節

くっついたり、はなれたりの「空気を読む」意識。

お互いの関係に、一時的に隙間をあける、風通しをよくする、風向きを変える。

2 ｛カサネル｝

3 { カタムケル }

「カタムケル」
…相手を「信頼」する度合を調節

「力関係」を意識。

相手に傾倒する、傾聴する、依頼する、あずける。相手から依頼される、引き受ける。

「カサネル」
…相手と「接触」する頻度、重さ、量を調節

交際や交誼は、"交"の字のとおり、相手とカサナッテ関係を深める意味。「親密度」を意識。

相手と目を合わせる、握手する、肩を組むことで、親密になる。
相手の目線をはずす、身を守るように自分の腕を組むことで、相手を拒絶する。

1

背筋がのびると、からだが軽く、スピーディーに見える

美人は仕事の能率が上がるように美しく座る

仕事ができて美しい女性に見える座り方から見てみましょう。

仕事における座り方の第一条件は、疲れないことです。

疲れていては、気力もなえます。

職場では、仕事のできる人が好かれます。ですから、能率を上げつつ、美しく座ることが大切なのです。

まず、座っているときに、自分のからだの「背骨」のイメージを持ちましょう。

背骨の「S字ライン」をキープすることが、能率を上げ、長時間座っていて疲れないコツです。背骨のS字ラインが理想的な位置にあると、重い頭をささえるクッションになり、疲れにくくなります。首の後ろにある神経の束が圧迫を受けないので、脳

から筋肉への伝達速度が速くなり、仕事の効率が上がります。この姿勢を維持すると疲れにくいため、ドサッと重く見えるねこ背座りにならず、体重が軽く見えます。

ひじかけのあるイスの座り方（P62参照）では、とことんリラックスする方法を紹介しましたが、ここでは、背もたれが垂直に近い、オフィスのイスの座り方についてです。

ただ、じつはオフィスのイスもひじかけイスも、座り方は同じです。

答えは「しっかり奥まで座る」です。

私たちは一日に、平均9・3時間座っているそうなのですが（『座らない―成果を出し続ける人の健康習慣』トム・ラス、新潮社）、意外にも、浅くチョコンと腰かけている人が多いという事実があります。

堂々と腰を背もたれにつけて座り、「美人度」を上げましょう。そして、座っている自分の美しい姿をイメージすることも大切です。

次のように座ります。

腰に近い「おしり部分」を背もたれにぴったりカサネテ密着させる

仕事をしていて疲れてくると、どうしてもからだがずれてきて、寝そべるように座ってしまいます。するとイスの背もたれの腰のあたりにスペースができ、骨盤が後傾します。そのまま長時間座っていると、立ったときにねこ背になり、脚はガニ股になります。

これを防ぐため、時々奥まで座り直してください。

「ひざ」と「かかと」の角度は90度「すね」は垂直のままカタムケナイ

脚のすべての角度が90度になるように意識します。よくイスより内側に足を置く人が多くいます。ちょこんと、何となくかわいい座り方に見えますが、これではそり腰になり、骨盤が前傾してしまいます。そして、立ったときに内股の癖がつきます。これを防ぐためには、足元にマットをしくか、イスの高さ（調整できるものでしたら）

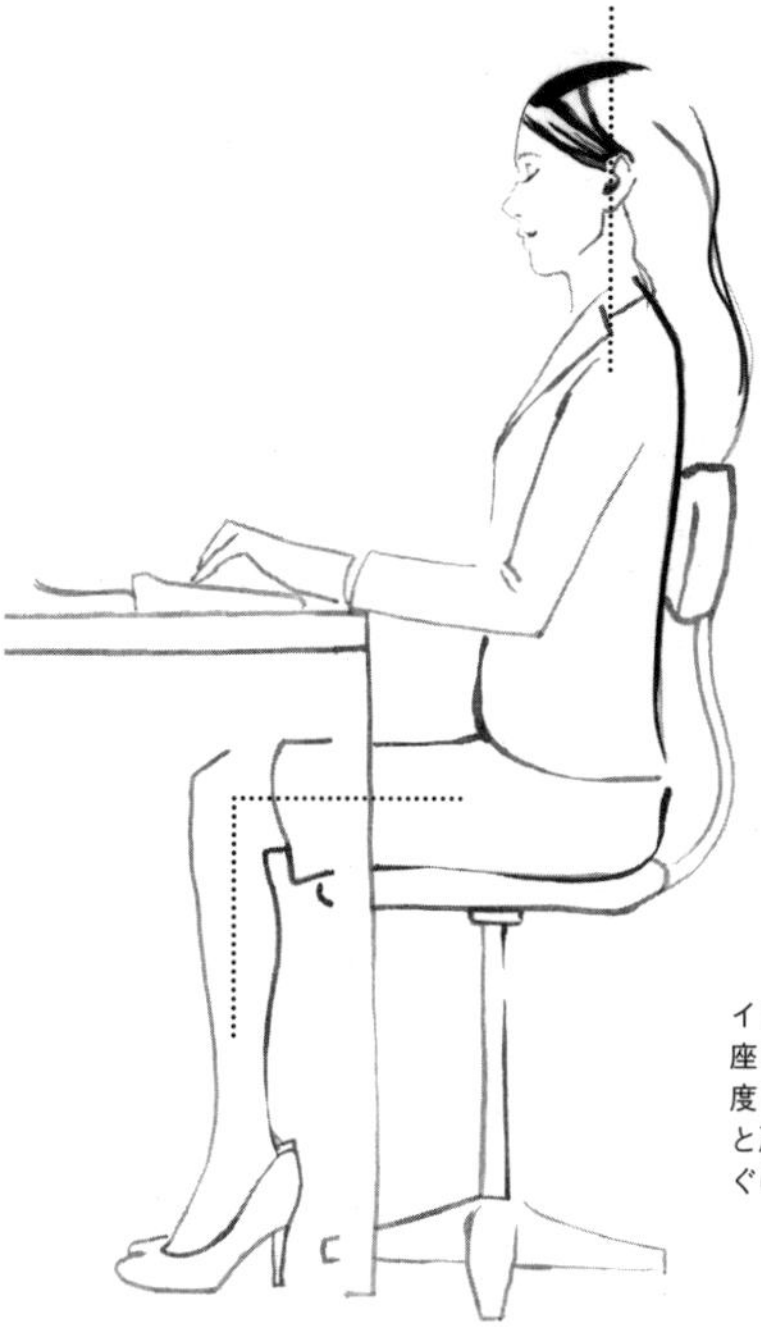

イスの奥までしっかり座る。脚のすべての角度は90度に。耳の穴と肩のラインをまっすぐに保つ

を調整してください。

「肩」をヒネラナイ、前に出さない

耳の穴と肩のラインは垂直に保ちます。パソコン作業などに集中すると、どうしても肩が前に出やすくなりますが、この座り方は内臓を圧迫して消化機能を落とすため、美容の大敵です。

ひじを3秒後ろに引っ張るだけで、肩甲骨のまわりの筋肉が弛緩されて肩の位置が元にもどりますから、こまめにストレッチを実行してください。

ところで、ときどき背骨のS字カーブの向きを逆に考えている人がいま

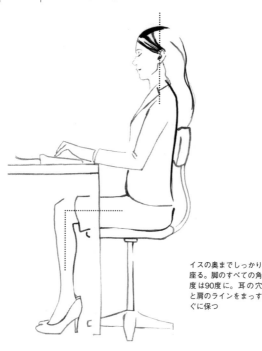

す。アルファベットの「S」と聞くと、胸をでっぱらせてお腹を引っこめ、ヒップを張るようにイメージしているかもしれません。

けれども、実際は逆です。Sの字のでっぱりは、背中に向かって湾曲し、腰のくびれのところでお腹のほうに向かって湾曲するとイメージしてください。

いつも「自分の背中」に意識を向ける

私の姿勢レッスンに、食品会社の研究者をしているSさんがいらっしゃいました。彼女は仲間からねこ背を指摘されたそうです。彼女の仕事は、毎日顕微鏡をのぞくことでした。

ねこ背を直すには、ストレッチや筋トレなどのさまざまな方法があります。私はSさんに、まず休憩時間などに背中をそらし、のびをすることをおすすめしましたが、仕事に熱が入ってくるとそれも忘れがちになってしまうと伺いました。

それならばと、日常生活の中で自然に自分の背中に意識がいく方法を提案しました。

Sさんは首が長く美しかったので「ショートのボブカットなどが似合いそうですね」とお話ししました。イメージはアナ・ウインター（『アメリカン・ヴォーグ』の編集長。映画『プラダを着た悪魔』のモデルになった人）です。

アナ・ウインターの写真を見せ、首が出るところまで思い切って髪を切ることをすすめました。これで今までSさんが気にしていなかった首と背中のラインを意識することができます。

髪をカットした後、つねに背中が意識され、姿勢が正されていった結果、彼女は自然と周りの人から「何か明るくなったね」と言われるようになったそうです。

ストレッチ一辺倒ではなく、このように髪型を変えることで意識が変われば、姿勢も一気に美人になることがあります。

「自分の背中」に意識を向ける髪型、服選びをぜひ検討してみてください。

〔2〕

「段階動作」でものを置く、渡す

美人は動作にメリハリをきかせ、差をつける

忙しいときも、あわてていないように見えると、仕事のできる美人に見えます。スピードが最優先される職場では、ものを置いたり、人に渡したりするとき、ついつい乱暴になりがちです。しかし動作のスピードにメリハリをつければ、全体にあわただしい印象になりません。**ものを人に渡すときは次のように「SOS（そろえて・間をおき・そっと）渡し」を意識します。**

①S　渡す前に　丁寧に「そろえる」

②O　渡す前に、感謝の気持ちをこめ、胸の前で、一瞬、間を「おく」

③S　それから、「そっと」渡す、あるいは、置く

①

S　渡すものを、
丁寧に「そろえる」

②

O　胸の前で持ち、
一瞬間を「おく」

③

S　相手に
「そっと」渡す

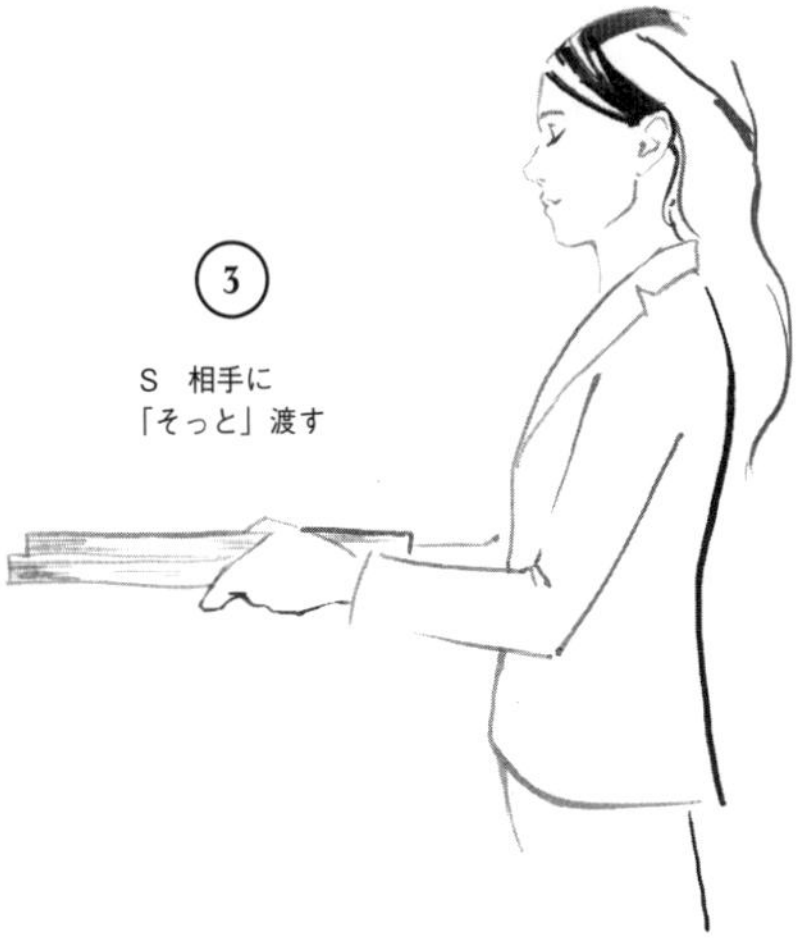

大切なものは胸の高さより下げずに運ぶ、置く

ものにもよりますが、大切なものを運ぶときは、胸の高さより下げないようにします。

とくにファイルや書類、小さな箱などの軽いものを持つときは、ついぶらぶら手にさげて持ってしまうものですが、つねに「胸の高さより上」を忘れないでください。

たとえば、お土産を渡すときも「ＳＯＳ」で。出張や旅行の後に、上司に菓子折りなどを渡す設定での動きを説明しましょう。

テーブルやデスクがある場合は、まず自分の近くにお土産を置き、ものに粗相がないか確認してから、相手のほうに正面の向きを「そろえます」。

「どうぞ」という一瞬の間を「おきます」。

それから「そっと」相手のほうに押し出します。

「見た目なんかかまっていられないわ」というのが癖になると、それが習慣化されますから、大切なお客様や家族への対応も同じようにバタバタする可能性があります。

丁寧な動きになるコツは、気持ちの上でも「段階」をふむことです。行動する前に、感情の流れを考えます。

たとえば、「借りていた本を先輩に急いで返す」とき、目的だけを考えると、先輩の顔を見たら「即刻本を返す」になります。しかし、これを丁寧に考えると、

①なぜ、先輩はこの本を持っていたのか？
②なぜ、私に貸してくれたのか？
③私が、何に気づくことを期待しているのか？

となりますよね。したがって、本を返すときは「御礼の言葉を言いつつ、何が役に立ったのか伝え、さらなるアドバイスを請う」という三段落ちが理想です。

メモをするのもいいでしょう。忙しくても会話ができなくても、返すときにこの感謝の気持ちがこめられれば、自然と身のこなしも「丁寧できちんとした雰囲気」が出て、「この人はできるな」と印象づけられます。

3

美人はときどき「男前」な魅力がある

大きく「リアクション」をとり、心をつかむ

仕事ができて美しく見える女性は、さばさばしていて、ハッキリとした意見を持っている、情に厚い人です。言うなれば、「ちょっと男前なところがある人」と言いましょうか。

仕事は成功の連続とはかぎりません。失敗をしたら自ら責任を感じ、また、相手が失敗をしたら、許せる余裕があるのが理想です。

突然ですが、2015年のタレント人気投票で、女性部門の堂々1位を獲得したのは、天海祐希さん。男性の人気投票はトレンド感に左右されがちで、その年に注目された人が選ばれる傾向がありますが、女性のトップである天海祐希さんは7年連続1位を獲得しています。女性上司やできるビジネスウーマンがはまり役である天海さんが選出されていることから、キリッとしていて頼りになりそうで、ユーモアもある人

こそ、仕事において求められる「美人」だということがわかります。

では、そんな「仕事美人」の雰囲気をつくるにはどうしたらよいでしょうか？

最もかんたんなのは、リアクションを大きくすることです。

私たちは悩みを話したあとに、相手が共感し、ときには怒ってくれたりするから、つらい孤独から脱出することができます。こういったときのリアクションは自然とできる人が多いものですが、じつは良いときのリアクションを大きくすることのほうが重要です。

人望の厚い人とは、自分が気がついていなかった「可能性」や「のばすべきところ」などを探し出して、それを指摘してくれて、励ましてくれる人です。こちらの話を聞いて笑ってくれる人です。

そんな人に見せるには、話を聞きながら頭を大きくカタムケル、うなずく、相手の手に手をカサネテ聴く、大いに笑う、などから実行できます。

「明るい美人」は大きく笑って魅せる

リアクションを大きくするときは、とくに「笑いの場面」で意識してみるのがおすすめです。じつは「大きな笑い」は、仕事においてときにスパイスとなり、相手の心をつかみます。

そもそも本当に笑おうなどと思わなくても、笑っているように見えればよいのです。「おかしいから笑うのではない、笑うからおかしくなる」ことは脳科学でも証明されています。笑うときに使う筋肉が、脳の中に楽しい気分をよみがえらせるのですから、まずは「笑って」みてください。

動作にメリハリがきいていて、丁寧な女性から、「おかしくて、じっとしていられない」しぐさや姿勢がふと垣間見えることで、その場は盛り上がります。グッと男前美人な雰囲気が出ます。

では、つくりかたです。

前後に「ぶれぶれ笑い」をしてみましょう。頭を前に深くカタムケれば、お腹をかかえて笑ったように見えます。いったん相手の視線から見えない位置まで頭を下にしてから、顔を上げます。

これにヒネリが入ると、「笑いころげる」になります。

大げさに見えるくらい「ぶれぶれ」になるほうが、楽しい雰囲気が伝わります。**この「歯切れのよい明るさ」が、あなたを前向きで、できる人に見せてくれるのです。**

からだを大きく前後に
カタムケテ、男前に笑う

ちなみに、この笑い方は、明石家さんまさんの動きが参考になります。前後にカタムケル角度が大きく、ときには机や床を叩いてから、天井を見るようにのけぞって笑っています。この前後に激しくグワングワンからだがぶれるのを見ていると、見ているほうも本当におかしくなってくるのです（とはいえ、本当にそのまま真似する必要はありません。あくまで「参考に」してくださいね）。

社内で「いつも○○は大笑いするよね」と言われるようになれば、プライベートな会などにも声をかけてもらえるようになります。

この「ぶれぶれ笑い」ができる女性は、同性からだけでなく、男性からも人気があります。気を使うことなく、同志のような存在として認識されることで、友だちや妹のように扱われたり、モテたりするでしょう。

〔4〕

いただいた名刺は、胸からはなさない

美人は仕事の出会いで麗しい印象を残す

では、つづいて名刺交換です。

いただいた名刺を胸からはなさないようにすると、愛らしく美しい女性に見えます。これだけであたたかい人柄が伝わり、相手から信頼されてしまうのです。

はじめて会う人と仕事をする上で、名刺交換をしないことはほぼありません。そのせいか、男女の区別などは意識されずに、事務的に交換するのが当たり前になっています。

しかし、少しの工夫で女性らしさをアピールできれば、親密度が変わります。

名刺を受けとったあと、会話がつづくうちは、胸の位置で名刺を持ちつづけましょう。そうすることで、いただいたという「ありがたみ」を伝えることができます。

名刺をいただいたらすぐにしまわず、そのまま胸の前でキープ

「ものを置く・渡す」（P104参照）でも触れたとおり、大事なものは胸の近くで、手をカサネテ持ちます。

身長にもよりますが、相手が男性の場合は、目だけではなくあごから相手を見上げるようにすると、「尊敬」や「あこがれ」の気持ちを表すことができます。**シンプルなことですが、名刺を持つ手の位置だけで、立場を伝えられるのです。**

実際に印象的な名刺交換をしたことがあります。

ある議員秘書の女性と名刺交換をしたときのことです。彼女はいただいた名刺を頭上にかかげるように持ち、自分の頭はそれより下に下げるではありませんか！

びっくりして理由を伺ったところ、先生（議員）本人が来ることができないお詫びと、今日お会いできた感謝の気持ちを一つにしたのが、この姿勢だというのです。

礼法でいえば、神様への供物や記念品を受け取るときは、目の高さでものを持つという「目通り」の角度です。女性らしいしぐさであるかといえば、真逆です。けれども、「相手を立てる」という本気の気持ちが出ています。たとえ議員の代理であっても軽々しい応対にならず、会った人を支援者にしてしまう技は、学ぶところがあります。

この動きから学べるのは、相手の身長にもよりますが、いただいた名刺を少し高い位置でキープをすると、他の人と違っておごそかな雰囲気がつくれるということです。

名刺交換は、二度と会えるチャンスがない人でも、話すことができる唯一の機会です。ぜひ、試してみましょう。

5

「言葉」をかけてから「お辞儀」をする

一瞬で信頼される美人の挨拶

挨拶の発祥は諸説ありますが、原点は相手の存在を認める行動で、緊張関係を解くための振る舞いでした。

きちんとした挨拶ができると、礼儀正しいだけでなく、相手から一目置かれる「りりしい美人」に見えます。

ビジネス上の正式な挨拶は、言葉とお辞儀を分ける「分離礼」です。分離礼は、相手の顔を見て言葉をかけ、それから頭を下げてお辞儀をして、また相手の顔を見るまでのことをいいます。

一方、忙しいときや、何度も会っている人に、「こんにちは」と、話しかけながら同時に頭も下げるのが「同時礼」です。

頭を下げても目は下げない「ずるお辞儀」で心をつかむ

失敗すると、一生損をするかもしれない大事な人と会ったときの挨拶のしかたをご紹介しましょう。

こういったときは分離礼をします。

重要なのは、お辞儀をするときに相手より先に頭を上げないことです。

頭を上げるタイミングを失敗しない方法は、頭は下げますが、視界から相手の頭が消えない位置で止める、ちょっとずるいお辞儀をすることです。

頭を下げても、目線は自分の足元を見るほど下げません。**絵のように、目だけ上目使いで相手の上半身が見えるあたりで止めます。こうすると、相手の動きは、自分の視界に入ったままになります。**相手が頭を上げてから、自分も頭を上げればよいのです。

慣れてくると、なんとなく気配でわかるようになります。

とにかく、相手から目を離さないことがコツです。仕事では隙を見せない人こそ、礼儀正しい美人と見られます。

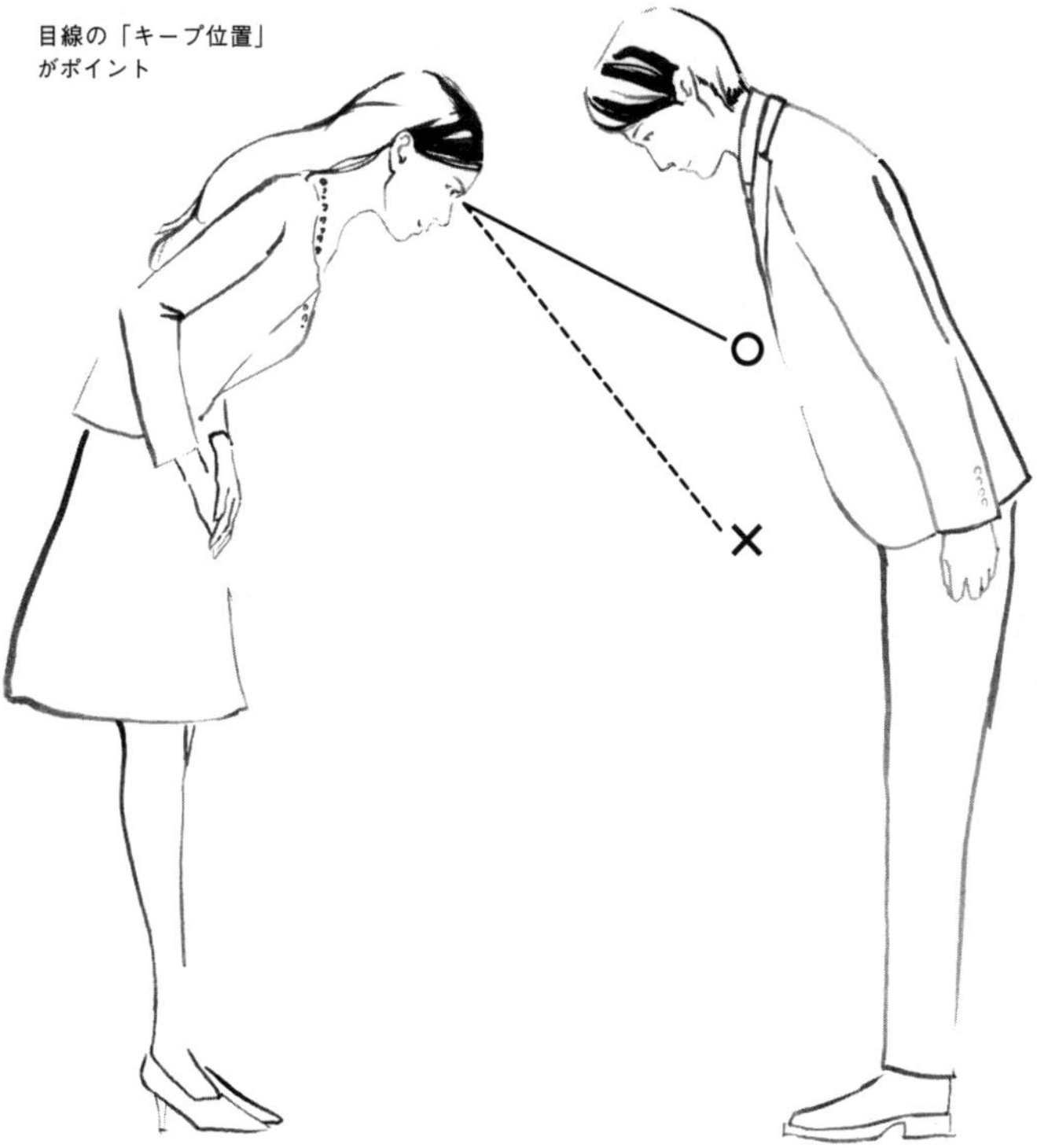
目線の「キープ位置」
がポイント

6

おもてなし美人は、視線を外さない

あたたかみの伝わるお辞儀の仕方

前項で、重要な人にお辞儀をしたときに、先に頭を上げないようにする視線の使いかたを説明しましたが、相手に対する気遣いが加わると、お辞儀の質も変わります。**相手から目線を外さない姿勢をとるのは先ほどと変わりませんが、その目線を外さない動きを、あからさまに出すのです。**すると、少しの愛嬌が加わり、お辞儀上手な美人に見せることができます。

ここでは、「ＨＫＫの法則」を使った、人柄まで伝えられるお辞儀の三段活用を紹介します。

①信頼感抜群！ 見た目が美しい「プロのお辞儀」

両手をおへその前で組み、腰から折って、背すじをまっすぐにするこのお辞儀は、高級老舗デパートや、飛行機の搭乗で迎えられる場面でよく見られます。秘書や受付の職に就いている方にとっても身近なものでしょう。これらのお辞儀は敬意を表す儀礼であり、きれいな「プロのお辞儀」です。

つまり、「お客様へのサービスとしてのお辞儀」なので、ふだんのオフィスシーンではあまり登場しません。けれども、臨時に何かのイベントや発表会の受付などの役目を担うことになったとき、このお辞儀ができると最高です。

② 愛嬌が見え隠れする、優しい「稲穂お辞儀」

女性が得意とする「優しく細やかな気遣い」「おもてなしの気持ち」を表すことは、とくに対・男性に有効です。それを伝えられるのが「稲穂お辞儀」です。

このお辞儀のお手本として、「京都の老舗旅館の女将」をイメージしてみてください。長年お世話になっている常連さんをお迎えしたり、お見送りしたりするときに、このお辞儀をします。

女性らしく上品で優しいこのお辞儀をするときは、相手から目線を外しません。

少し親しくなった間柄においては、女性は、斜めにからだをヒネルほうが親しみが出て、親愛の情をこめている雰囲気が伝わります。

P121の②のように、背中を垂直にカタムケルのではなく、上体を斜めにヒネッて頭を下げます。こうすると相手から目線を外さない行為が不自然ではありません。

このお辞儀からは、お客様に対する「ご機嫌いかがですか?」「何かいたしましょうか?」といった気遣う気持ちが伝わってきます。おもてなしをされた当人しかわからないような気遣いがにじみ出るからこそ、「粋」なのであり、マニュアル化すれば無粋なのです。

③ 相手を大切にする、気遣いの「くぐり戸お辞儀」

さらに相手が自分より重要人物であるという気持ちを伝えられる、ひざを少し「く」の字にカタムケテ、頭の位置を相手より下げ、小腰を屈《かが》める「気遣いのお辞儀」もあります。「くぐり戸」から出るような姿勢なので「くぐり戸お辞儀」と名付けます。

このお辞儀は『小学女礼式』(明治15年、西村敬守)にも、その図が載っているほど歴史あるもので、現在では、医療や福祉の仕事をする方が、高齢者の方々などに目線を合わせ、声をかけるときに使われています。**誰かに見せるためにそうしているのではなく、相手と心を通わせるために行うもので、そこに真摯な美しさがあります。**

ここまですると、相手を立てる表現になります。

背すじを真っすぐにする「プロのお辞儀」

からだを斜めに折り、相手から目線を外さない「稲穂お辞儀」

②に加え、ひざを少し折り、小腰をかがめる「くぐり戸お辞儀」

7

お詫びの気持ちを背中で表す

できる美人は、詫びて好かれる

では、親しみを込めたお辞儀とは逆に、お詫びをするときのお辞儀はどうしたらよいでしょう。

真剣に詫びることができれば、失いかけている信頼を回復するチャンスになるかもしれません。

日本は「恥の文化」ともいわれます（ちなみに西洋は罪に対して罰を受け、神に報告して清算するという文化です）。**人に迷惑をかけてしまったという「恥」を感じているる姿に、私たちの心は動かされるのです。**

男性、女性に限らず、どんなときでも正々堂々としていると、きっぱりとした美しい人に見えます。

「背中謝罪」できちんと恥をかく

詫びるという目的に限っていえば、きれいに頭を下げないほうがよいといえます。心に響いてこないからです。

お詫びは「即刻」が鉄則ですから、相手の顔を見た瞬間に、勢いよく、おへそあたりにまで顔がつきそうなほど背中をまるめて謝ります。

申し訳ないことをして相手の顔を見ることができないのですから、「背中で謝る」のが正解です。

ロダンの「考える人」という作品も、背中に隆起している筋肉が「悩み」を語っています。謝罪するときも、この「背中の隆起」を見せることが重要です。

ポイントは「いつもと違う」雰囲気が出ているかどうかです。

以前、通販会社大手の「ジャパネットたかた」で、社員による顧客情報の漏えいミスがありました。その際の高田社長の謝罪は、いつもの明るい声とテンポとはまったく違う、重厚なものでした。インターネット上では避難されるどころか、彼を擁護するコメントまであがりました。その後も、業績はまったく影響を受けなかったそうです。これも「いつもと違う」空気が出ていたからではないでしょうか。同じように、試合で負けて頭をまるめるのも、反省の意を伝えるために、いつもと違う清浄な自分を見せるためですね。

相手に「背中」を見せて、誠意を伝える

謝罪は、賠償だったり補償を説明したりするための行為ではありません。こういった細かいことは、謝罪をした後に、もっと状況が落ち着いてから提示されるものです。

相手は、今あなたが、人として、どれくらい反省しているかが見たいのです。非常事態の行動にこそ、その人の本質が表れるものだからです。

謝罪される側も、失敗を経験したことのない人はいません。

「もし自分だったら、ここまで恥をかけるだろうか？」と考えます。現在は立派な人でも、経験が不足していた若いころには、大なり小なり失敗をしています。謝罪される側は、自分の身を振り返りながら、相手の失敗を許すことで、自分の器が大きくなったと自覚できる機会でもあるのです。

「土下座」も辞さないくらいの覚悟を持つ

ちなみに、私はあるイベントの司会のお仕事をいただいた際に、大遅刻をしたことがあります。いろいろ言い訳を考えていましたが、会場に入るなり、土下座をしました。床に頭をつけていたのは5秒くらいかもしれませんが、その場の全員の視線が、「今自分の背中に集中している」と考えると、じつに長く感じます。

頭をつけているとき、本当に申し訳ないことをしたと感じたのは、自分に期待して仕事を依頼してくれた担当の方の顔が浮かんだときです。その場ではとにかく頭を下げていたというのが正直なところですが、それでもとっさに土下座をしてよかったと思っています。実は、この会社からは再度仕事をいただきました。

もともと土下座は、高貴な対象に向かって恭順の意を示す礼式のひとつです。

女性が土下座をする機会はめったにないでしょうが、いざというときは、それぐらいの覚悟を持っていると、それが気迫として現れ、毅然としていられるでしょう。

8

姿勢で「心の傾き」を表す

美人は、聴けば聴くほど傾いていく

私たちにとって「ありがたい人」とはどういう人でしょう。
有名な人でも、お金を持っている人でも、話が面白い人でもありません。
親身になって、自分の話を聴いてくれる人ではないでしょうか。

「真剣に聴く」には、相手に向かってからだをカタムケ、自分の耳が相手に近づくようにし、姿勢から気持ちをつくります。

この姿勢をとり、相手に近づくことで、自分の視野を狭くし、自分の耳に集中することができます。と同時に、その姿は頭を傾げた百合のように美しく、可憐に見えるのです。

ここで重要なのが、相手との「パーソナルスペース」です。パーソナルスペースとは、だいたい片手をのばした距離ぐらいの範囲といえます。それが互いに緊張しない距離なのです。相手からそれより内側に入ってこられると、「自分のプライベートな部分に入ってこられた！」という意識に変わります。

しかし、相手の話をよく聴くときは、自分の耳を相手に寄せ、相手のパーソナルスペースを侵害するほどの距離をとることで、親密度が増します。

また、「ほんとに耳を寄せるだけで、聴くことに集中できるの？」とお考えかもしれませんが、試験を受けたときのことを思い出してください。

ゆったり顔を上げて構えていてもよいのに、テスト用紙にかみつくほど顔を近づけていませんでしたか？　それは他のことに気が散らないようにするためです。

このからだをカタムケテ相手の話を聴く姿勢は、その美しさで有名な京都・広隆寺の半跏思惟像が参考になります（実際、この菩薩様は、熟考している姿と言われています）。

忙しくても、菩薩のようにおだやかな表情で話を聴けば、優しい雰囲気が相手に伝わります。

相手に自分の耳を近づけるように、からだを少しカタムケル

カタムキのお手本「木造弥勒菩薩半跏思惟像（通称「宝冠弥勒」）」京都・広隆寺

9

美人は両手をそろえる

自然と相手の心をつかむ「いのり」のしぐさ

何かの仕事を依頼するときに、話の途中で「合掌」、いわゆる「いのり」のしぐさを入れると、品格のある美しい女性に見えます。**手を力サネテいる姿は、万人の心を落ちつかせることができるからです。**かの有名なスティーブ・ジョブズも、よくこのしぐさをしていました。滝川クリステルさんがオリンピック誘致のプレゼンで使っていたのも印象的でしたね。

「いのり」のしぐさは、いのる対象や意味が違っても、西洋から東洋にまで共通する「自分と対話する」行為です。

私たちは、ナイフとフォーク、お茶碗にお箸と、右手と左手をいつもバラバラに、ひっきりなしに動かしています。その手の作業を強制的にやめさせ、さらに思考をストップさせるために、「合掌」という手を合わせる動作を生み出したようです。

禅では、左手は「自分の心」、右手は「相手の心」を意味し、これを合わせて「相手を敬う」という意味があります。つまり、手をカサネルのは、あなたと私の考えを一つにするという意味があるわけです。

ですから、みな、このしぐさを見ると、なぜか自分の心と向き合うことになり、思わず「ハッ」とします。

このしぐさを使えば、自分の話す依頼内容が、何か崇高な意味を持っているように、相手に受けとってもらえます。

また、自分の気持ちを落ちつけたいときにも、このしぐさは使えます。大勢の前でスピーチをするときから一対一の商談まで、会話中、どこにはさんでもよいのです。

顔に近い位置で手を合わせてしまうと、子どもが懇願しているように見えてしまいます。

手は、胸の前あたりで合わせると、いっそうエレガントです。ぜひ試してみてください。

胸の前あたりで手を
合わせる

10

誤解される目線、信頼される目線①

美人は凝視せず、「いい風」を吹かせる

「目力がある」とは、たいてい良い意味で使われます。

「目力がある」とは、目が大きく、さらに、目をカッと見開き瞬きをしないで一点を凝視する時間が長いことをいいます。

目を大きく見せるメイク用品の開発が著しいことを鑑みても、ますます「目力美人」が増えていきそうです。

しかし、じっと見つめる力が、コミュニケーションにおいては、相手に「強引な印象」を与え、ときにマイナスになるときもあります。

私の生徒さんに、健康的な大きな瞳が印象的なYさんがいました。何をするにもしっかりその目で見つめ、確かめてやろうという力強い意志を感じます。

卒業間際になって、彼女から「A社とB社のどちらに行けばうまくいくと思いますか？」と尋ねられました。彼女のじっとこちらを見つめてくる目から出る気迫で、なぜか私は脅迫されているような気持ちになってきました。

私も良い答えを出すべく、彼女が何を望んでいるのかをいろいろ聞き出したいのですが、彼女の目はひたすら「正解だけをすぐにほしい」と語ってきます。

彼女のようにじっと強く見つめてくる目は、目力が強く、積極的に見えますが、その実、「ぜったいに失敗したくない」「負けたくない」という保守的な心の表れであるように見えるときがあります。そして、私の経験上、たいていそれは、当たっています。

本当に強い人は、自分に自信があるので、いつでもおだやかな目をしています。

じっと凝視するのは×。
時折ふわっと目線を外すこと

Yさんは、どちらの会社に行っても、その強すぎるまなざしのせいで、本人も気づかないうちにネガティブな印象を周囲に与えてしまうのではないかと、私は心配になりました。では、どうしたらいいでしょうか。

ここで登場するのがP96で登場した、「ヒネル」動きを使った距離の取り方です。相手の目をじっと見つめる代わりに、「相手の目線を外しやすい位置」にこちらから移動します。**相手に対して、真正面に位置するのではなく、からだを少しヒネった斜めの位置におきます。これで、張りつめた空気に隙間をあけられます。**

この位置関係だと、相手の目線を外したときに、自分の正面に顔を戻すことになり、話すときには相手の顔のほうを向いている姿勢になります。

コツは、話している最中に、相手に気づかれないように、足先でにじり寄るように移動することです。動きのイメージとしては、相手を軸にして自分が蝶番《ちょうつがい》になってひらいたり、閉じたりすればよいのです。

こうして相手と自分の位置に角度をつけることによって、コミュニケーションはとりやすくなります。**目線は、少し相手をしっかり見たら、フワッと外すを繰り返すことで、双方に考える余裕が生まれます。**

その後、Yさんはコミュニケーションの取り方がスムーズになり、希望の就職先に入って多くの方から支持されるようになったのです。

11

美人は、海を見るように、ゆっくり見る

誤解される目線、信頼される目線②

視線の移動が速すぎると、ガサツで無神経、あるいは冷たい雰囲気に見えてしまうときがあります。たとえば、次のような人にその癖が出ます。

3人以上の仲間で話しているとき、その中心となって話の方向をリードしている人がいないか注目してみてください。だいたいその人は、早口で、キョロキョロ他の2人を見ながら話をまとめ、2人を飽きさせないように自分の話を考えています。

澄んだ切れ長の目をお持ちのNさんも、このタイプの人でした。Nさんは、機転がきき、よく気がつくタイプの人です。いつもクルクル瞳が動いています。しかし、それが人の話を聞くときには裏目に出ます。

Nさんは自分の仕事について熱心に私に聞くのですが、こちらが答えている途中で

最後まで聞かずに目をチラッチラッと外したり、また見たりします。高速道路を走っているときに、バックミラーをチラッと素早く確認して、また正面に視線が戻ってくるような感じです。

なぜそう見えるかというと、首と頭を動かさずに、眼球だけを動かしているからです。

視線を外すとき、戻すときに、相手に対して首から動かせば、そんなに速く見ることはできないはずです。

こういう見方を「一瞥《いちべつ》」といいます。「瞥」は、別（わかれる）、蔑（さげすむ）と同義で、その語源は「破れる」と「人の目」の象形の組み合わせで成り立っており、「見たものがはっきりしない・かすむ」の意を示します。

Nさんは、ある離島から上京してきていました。最初は「人見知りなのかな？」と思いましたが、一年以上たっても、そのチラチラと目線を動かす癖が変わりませんでした。

そこで私はNさんに、「ところで、故郷の海を見るときは、どんなふうに見る？」と質問し、目線についての意識を変えてもらうことにしました。

ホッとできる原風景を眺めるように、ゆっくりと首から動かして人を見るようにしま

目線をキョロキョロ動かさない

しょう。すると、おだやかで落ちついた印象を、周囲に与えることができます。

How to Create *an* Aura of Beauty

Lesson 03

Beauty in Your Love Life

恋の相手を
惹きつける
美人な「しぐさ」

「「しゃべる」より「見せる」」

このレッスンでは、ズバリ異性を惹きつけ、愛する人からはより愛される「しぐさ」について、「ＨＫＫの法則」を使って紹介します。

恋愛モードに入っている人は、キラキラ輝いていて、美しい人に見えます。キラキラ輝いている人は、その人の未来が明るいことを予測させ、周りの人をも明るくしてくれます。恋愛関係は、一見、２人だけのもののように思えますが、実はそこから生まれる幸福感は周りにも広がっていくからです。

また、たとえ恋愛中でなくても、あたかも「恋をしている雰囲気」を出すしぐさを身につけてしまえば、本当に恋愛のチャンスがおとずれるかもしれません。

ところで、恋愛においては「ファースト・インプレッション」が重要とされています。シカゴ大学ステファニー・カシオッポ博士の研究によると、脳は目の前の人を「好きか嫌いか」について判断するのに、過去の記憶から検索エンジンをかけるそうです。

その判断速度は、わずか0・5秒。

けれども、この0・5秒で相手の心をつかむことができたとしても、その後、相手から本当の好意をどれくらい抱き続けてもらえるか、あるいは、どれだけ長く相手をときめかせられるかが、より重要です。

たとえ美しい顔立ちと抜群のスタイルを持つ女性であっても、ときめきが持続しなければ、1回目か2回目のデートで、相手から「もういいかな」と思われてしまいます。

一方で、「恋の雰囲気」のつくりかたを知っている人は、「この人と一緒だとこれからも何かすばらしいことが起こりそう」と相手に思わせることができます。

恋愛編のレッスンにおいては、「色気のエネルギー」を調整する方法をお教えします。

次のHKKの法則を基本とした恋のしぐさを取り入れ、身につけることで、相手を惹きつける「キラキラした恋の雰囲気」をつくることができるのです。

1

ヒネル

「ヒネル」
…「恥じらい」の色気

関節を境にからだを逆にヒネルと「若々しさ」「恥じらい」が出る。

2

カサネル

「カサネル」
…「ガードが堅い」色気

手を前にカサネテ肌を隠す防御のしぐさ。簡単には近づけない「品位」「神秘性」が出る。

{カタムケル} 3

「カタムケル」
…「かわいい」色気

カタムクのは垂直が保てない幼さの表れ。「かわいらしさ」「はかなさ」が出る。

1

「笑顔」×「角度」で心をつかむ

恋愛上手な美人はデートのはじまりにチラチラ見る

笑顔は、私たちに明るさや勇気をくれます。笑顔になったほうも、それを見たほうも、互いの副交感神経が脳に働きかけ、元気になれるからです。

美人に見える人は、笑顔を意識的に使っています。とくに恋愛のシーンでは有効に使っているものです。

キャラクターに合わせた笑顔のつくり方は Lesson 5 で詳しく触れますが、ここでは効果的な「笑顔のタイミング」について説明します。

言葉にせずメッセージを伝える「二度見笑顔」

ファッションブランドの販売員の方々に、無記名でアンケートをとったときのことです。上司や先輩から「笑顔が少ない」といわれたことから、就業中は口角を上げ続けている人が非常にたくさんいました。当然、「家に帰ったら一時も笑いたくない」という人が3割近くもいて、びっくりしたことがあります。

あなたも、ずっとニッコリしながら長時間デートや打ち合わせをしてヘトヘトになったことはありませんか？

ずっと笑いかけていると、当然顔は引きつります。そして、それを見ている相手も実は疲れています。これはいけません。きれいな曲でも、サビがなく、ずっと単調なメロディだったら飽きますよね。それと同じです。

笑顔が印象的な人は、ずっと笑い続けているわけではありません。タイミングよく笑っています。

それでは、そんな効果的な笑顔のつくり方です。デート中、相手の男性に自分の話が「ウケている」という気分にさせることが重要です。

相手に直接笑いかけ、さらに、その「自分が笑っているところ」を相手に見せ、笑いにメリハリをつけるという方法です。

まず、絵のように、相手の話を笑顔で聞きながら、頭を自分のどちらかの肩のほうにカタムケます。そして、ふと相手から視線を外し、「そんなに笑わせてはダメです

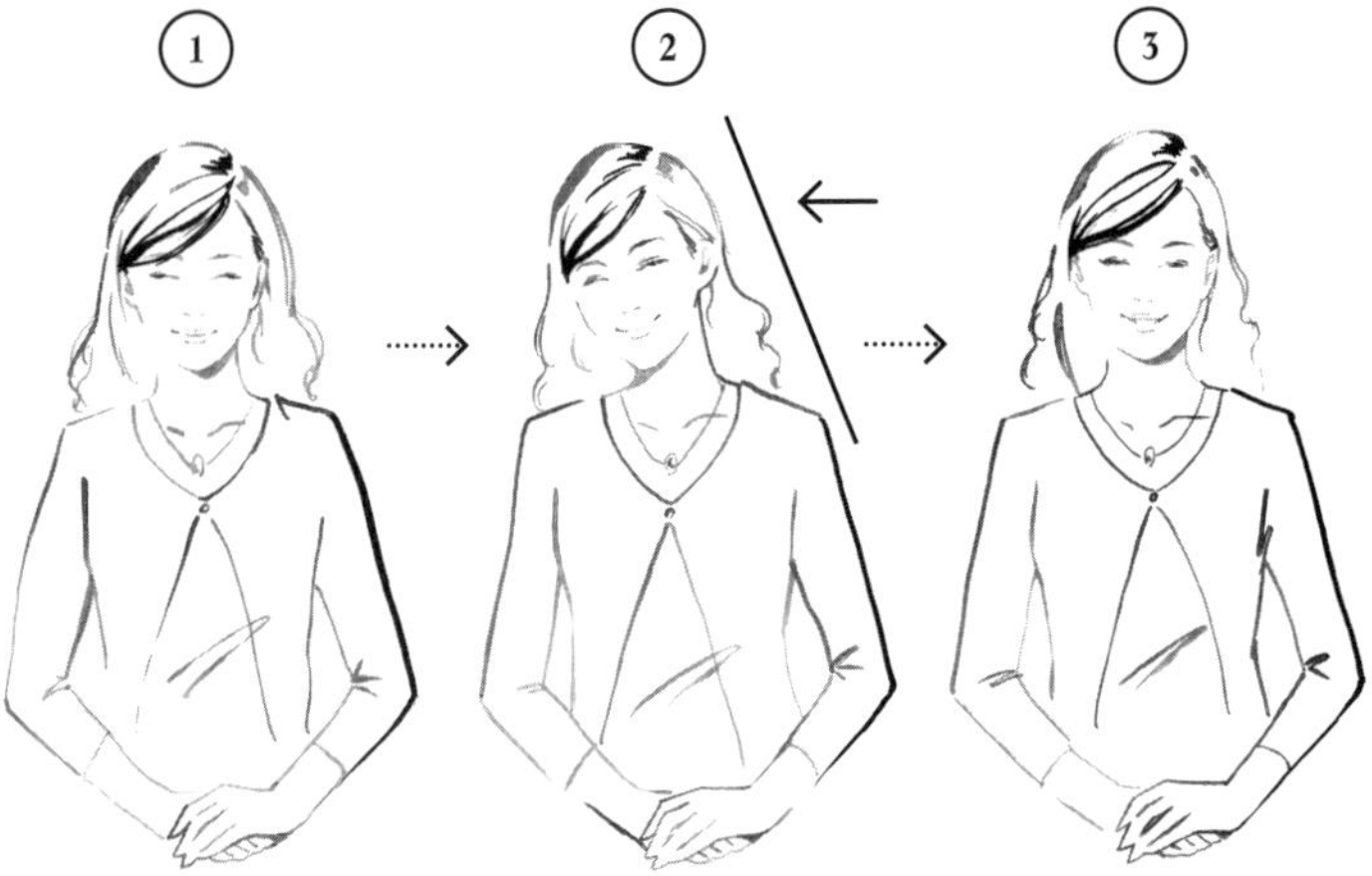

①相手を見て、歯を見せずに微笑む

②相手から視線を外し、首をカタムケ、クスッと笑う

③もう一度相手を見て、笑う（少し歯を出す）

よ」というようなメッセージを込めて、クスッと照れ笑い（を演出）します。このクスッと笑いは、目を伏せ、歯を見せずに、口角だけを上げる笑いです。「思わず笑ってしまった自分」を、相手に見せることを計算に入れてください。

それから、相手をもう一度見て、微笑みます。歯を出してニカ～と笑うのではなく、「たくさん笑っている自分が恥ずかしい」という笑いです。これが「二度見笑顔」のつくり方です。

一連の動きで重要なのは、首の動きです。首のカタムケ方で演出が決まりますから、気をつけてください。

この「二度見笑顔」をすることで、相手を「チラチラ気にしている感じ」を出すことができます。相手に、「面白いお話で、思わず

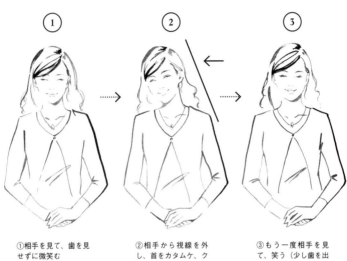

笑ってしまいました。笑いすぎて恥ずかしいです。ふだん私はこんなに笑いません。あなたのお話だけです。あなたに興味深々なんです」というメッセージを伝えることができます。

相手に気があるのに、顔をあえて1回外す行為は、じつは昔からあります。日本踏舞では顔の「三つ振り」がこれにあたります。「恥ずかしい」と顔を一度カタムケ、さらに「すごい、恥ずかしい」と顔を逆向きにカタムケ、でもやっぱり気になるから「あなたを見ちゃう」と目線を戻す、という動きです。この振りにより、「秘めた感情」を表現することができます。

芝居でも「二度見」をする「ダブルアクション」というインパクトのつけ方があります。一度対象物をぱっと見て「え?」という動きをし、「まさか」と目をそらす。その後「ええ? ほんとに‼」と、もう一度対象物を見ます。これはみなさんも見たことがあるのではないでしょうか?

これらの日舞や芝居からもわかるように、伝えたいメッセージをより際立たせるのに、「二度見」はたいへん有効です。

2

美人はしなやかな首で語る

首の傾斜は相手への「信頼」度を表す

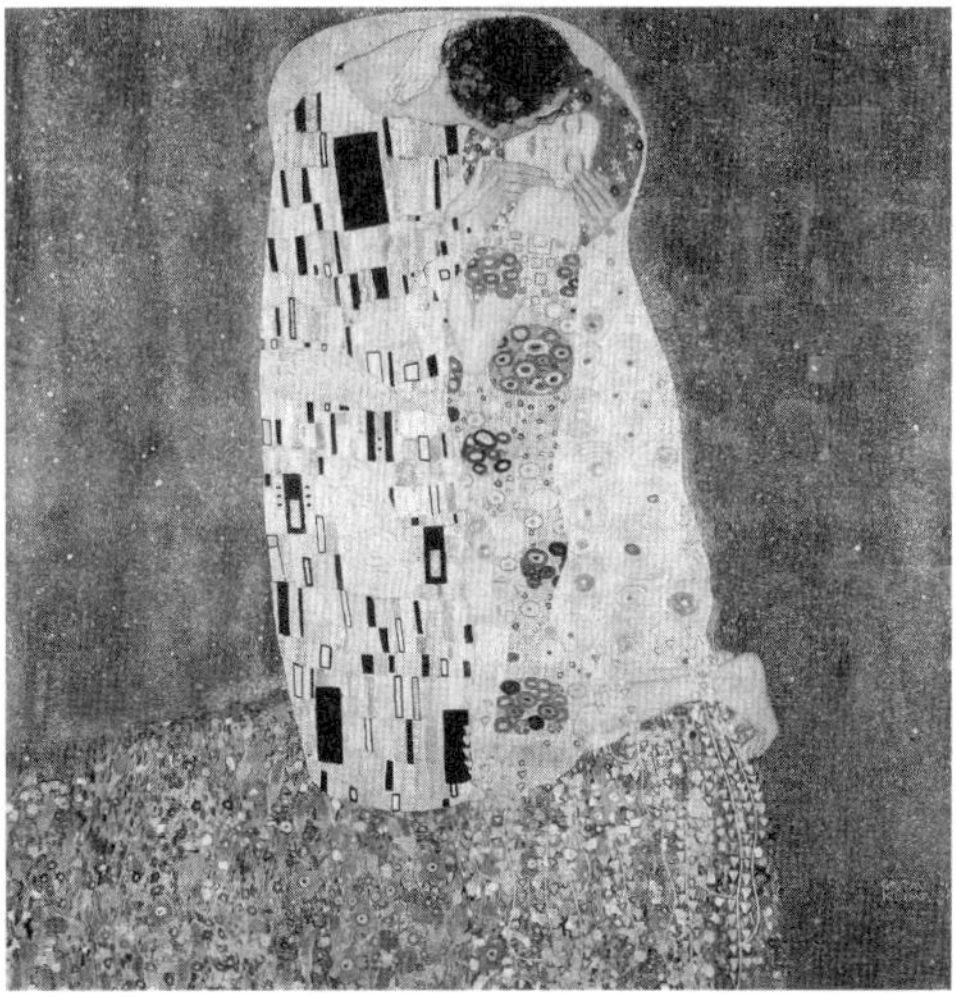

グスタフ・クリムト『接吻』

前項の笑顔のつくり方で、首の使い方が出てきましたね。

首の傾斜には、「感情」が表れます。

甘美な男女の姿を描いたグスタフ・クリムトの『接吻』では、女性は受け身で90度に首がカタムイテいて、男性のなすがままに、自分の意思がなくなっているように見えます。

色気は首の角度で決まる

相手と話すときなどの対面する場面で、首を少しだけ左右のどちらかにカタムケルと、

左右どちらかに少しだけ
首をカタムケル

可憐に見えたり幼く見えたりします。すると、情緒豊かな美人に見えます。

たとえば百合はダイナミックな花弁を持っていますが、茎は細い。その細い茎に対して、重い頭がカタムイテいるから可憐に見えます。

また、昔から長い首は美人の証とされてきましたが、首をカタムケルことで、同じ長さでも長く見せることができます。

まっすぐにのびた首は、気品はありますが、見ているほうはゆったりした気持ちになれません。

軍服や学生服が詰襟なのを見てもわかるように、まっすぐな首は、まじめで権威的な強さが強調されます。まじめなシーンにはマッチしても、こと恋愛においては、相手がずっとキチッとしていたら、進展は期待できません。

女性同士だと、首をかしげるのは、甘えている雰囲気が出て、わざとらしいと考える人もいますが、男性は甘えられて悪い気はしません。

心理学でいうと、かしげた頭は「まだ、首が座らないので母親の胸に頭をあずけている赤ちゃんのイメージ」が想起されるということです。

相手を見るとき、話を聞くとき、一緒に歩くとき、首をカタムケれば、信頼関係を深めやすくなります。

目つきの「鋭さ」を、首をカタムケて印象的に

目つきが鋭い人は、頭を前に倒して相手から見える目の角度を調整すると、思わぬ効果があります。

次のページの写真のように、60年以上にわたって活躍したローレン・バコールという女優さんは、切れ長で静かな鋭い目をしていました。しかし、ほとんどのブロマイド写真では、自信がなさそうに首を下に向けて頭を深く垂らし、上目遣いでこちらを見ています。「私をどうしたいの？」とでもいいたげな雰囲気です。

首の角度と目つきでチャンスをつかんだ名女優ローレン・バコールを参考に、自分らしく魅力的に見える「角度」と「目つき」探しを！

彼女はもともとシャイな人で、はじめてのオーディションで自分の番を待っていたときも、この姿勢と目つきだったそうです。それがオーディションの主催者や関係者に魅力的にうつり、気に入られて、チャンスをつかみました。

鋭い目つきに、自信のない首の角度を組み合わせることで、神秘的な雰囲気をつくりあげることができたのです。

3

同調で「何か気が合う」空気を生み出す

美人は「似てる」と思わせる

では次に、相手に「何となく気が合う」と思わせるようにするにはどうしたらよいかを説明します。

相手と似たしぐさを続けていると、「何か気が合う、親しみやすい女性だなぁ」という印象を持たれます。脳の中にある「ミラーニューロン」という共感する細胞が刺激されるからです。

もともと私たちには、相手の動きをまねしてしまうという習性があります。隣の人が携帯電話をチェックしだすと、自分もつい携帯電話を見てしまうという経験はありませんか？

恋愛を進めるにあたっては、この癖を逆手に取ります。

ところで、「他人のしぐさに注目したことなんてない」と思っていらっしゃる方もいると思います。しかし、こんな経験はありませんか？

ホテルの朝食ビュッフェで、肌の色が同じアジア人を見たとき、私たちは何となく、日本人とそうでない国の人を見分けることができます。

言葉や着ている服の違いだけではなく、彼らの座り方、食べ方、そのほかのしぐさや雰囲気で、「自分と似ている」と、ちゃんとわかるのです。そして、自分と似ていることで、自然と安心します。

これと同じように、相手の動きをまねると、互いに安心する気持ちが生まれます。しぐさだけではなく、会話のスピード、目線の動き、からだの癖、テーブルに向いている角度やイスの座り方などを「似せること」に注意しましょう。

いつのまにか本当に似てしまう「同調」の始め方

相手のまねをするときは、相手が動いたら、自分もそれに少し遅れて動くのが基本です。遠目から俯瞰するようなイメージで相手と自分を見ましょう。

大切なのは、相手とまったく同じ動きをすることではありません。相手が座り直して態勢を変えたら、あなたもちょっと態勢を変えて、調子を合わせればよいのです。

この「共感する」という本能は強烈な力を持っています。人はそもそも、相手がまったく自分に反応していないと、話をやめてしまうという実験結果があります。

相手がカップを手に取ったら、少し遅れて自分もカップを手にする

相手のしぐさを変えるタイミングがだんだん見えてくると、お互いに「ああ、この人は私に近い感覚だな」という気持ちが芽生え、リラックスすることができます。

相手と同じ動きをとることで恋愛にまで発展するかはわかりませんが、会話はしやすくなります。

動きの同調からリラックスし、話がはずめば、「両親の生まれ場所が一緒だった」「昔近所に住んでいた」などというように、偶然の共通事項が見つかるかもしれません。

相手から「なぜ、この人は、こんなに似たところがあるのだろう……」と思われれば、相手にとってあなたは特別な人になります。

〔4〕

時と場合により髪をさわるのはマナー違反ではない

美人は「思わずさわる」演出をする

さて、「恋の接近戦」のお話です。まずは髪についてのしぐさからいきましょう。

ふとしたときに、髪に手を触れると、美しい人に見えます。

ルネサンス期の画家、ボッティチェリの『ヴィーナスの誕生』の絵では「恥じらいのポーズ」として手に長い髪を持ち、下半身を隠しています。

オーストラリアのウィレンドルフという村で発見された旧石器時代のヴィーナス像は、女性らしさを強調するのに、頭はほぼすべて、髪におおわれています。

西洋では、髪には不思議な力があり、異性を誘惑する性の象徴でした（一方、日本では髪の魅力についてはそれほど意識されていませんでした。髪型は年齢と階級によって型が決まっていたからです）。

西欧化著しい現代において、髪は重要な「恋愛の小道具」だと思ってください。

ボッティチェリ『ヴィーナスの誕生』

ウィレンドルフのヴィーナス

不可抗力により、仕方なく「髪をおさえることになってしまった」という風情を出す

笑顔と一緒で、髪を触るときに大切なのが、「タイミング」です。

髪をさわるのは、必ず「困ったとき」にしましょう。

もちろん、本当に困っているわけではなく、「困った風（ふう）」に見せればいいということです。

略して「困ったときの髪だのみ」。

髪が落ちてきて、とっさに髪を直した感じ、相手と会って緊張してしまい、無意識で髪に一瞬さわる感じ、風が吹いてきたので、乱れた髪を直す感じ……こういった風情を出すことがコツです。

髪をおもむろに直したり、いじったりすると、意図的でいやらしく見えます。

髪を結ぶ、結んだものを解く、髪をすくな

どは、鏡の前で一人無心になり、自分の世界に入っているから、美しく見えるのです。

つまり、能動的に髪に触れるのではなく、「あ、髪が、(みだれて)困るな……」というのは、しかたがないこと。「受動的」だから「あり」なのです。

もちろん、ビジネスマナーでは、人前で髪に触れるのはNGです。面接でもしてはいけないしぐさとして必ず指摘されます。髪を意識するのは、注意が自分に向いているからです。

だからこそ、オフタイムに恋愛を進めるには、髪をうまく使うべきともいえます。美人は髪に触れるしぐさで上手に色気をつくっているのです。

5

ドキッとさせる「指先」と「3つのタッチ」

美人は自分の「顔」に相手の視線を誘導する

ではいよいよ、顔に注目を集めるしぐさです。

「初対面で異性のどこに注目するか」というアンケートでは、男性の75％、女性の65％が、まず相手の顔を見るというデータがあります（「東京独女スタイル」地域・全国　男性も女性も年齢不問での回答）。

この結果に、「やっぱり顔か」と思われるかもしれませんが、実は脳のなかには、顔だけを特別に認識する領域があり、そのおかげで私たちは世界中の人の顔を見分けることができるそうです。つまり、顔に注目するのは、人間として自然なことなのです。

そして、美人に見える人は、自分の顔に視線を誘導する方法を知っています。腕や手の動きを上手に使い、相手の視線を顔に集めています。

恋の盛り上がりは、相手の視線を「顔」に集められるかどうかにかかっている

「菩薩」のように指先をまとめる

顔に視線を集める前に、手先、指先を美しく見せましょう。

楽器の演奏、釈迦が説法をしたときの手のしぐさといわれる印相、バリ舞踏の人差し指のそり、日舞の「男手と女手」の違い、証券取引所のかつての「手サイン」など、指は記号や言葉の代わりを荷ってきました。

「手には個人の職業が出る」といわれます。火をおこし、石を切り、道具をつくって人類は生き延びてきました。だからこそ、手先、指先を美しく見せないと、「道具」のような無骨な印象になってしまいます。

この本では「関節が雰囲気をつくる」とし

ました（P35参照）。手は指関節を含め27もの骨がありますから、熊手のように指が広がっていると、見る人に落ち着きのない印象を与えます。

美しい指先のつくり方のお手本は、奈良県、中宮寺の「菩薩半跏像」です。

太いペンを握って、ゆっくりと人差し指のほうから力をゆるめてはずしていき、ペンを抜いてみてください。小指からの「まるみ」がだんだんと人差し指に向かってゆるやかになり、中指や人差し指はのびている状態になります。

こぶしをにぎり、ゴツゴツでっぱった骨から指先にむかって初めに折れる関節までを「基節骨《きせつこつ》」というのですが、次のページの絵のように、この部分の隙間をあけないようにするのがコツです。**水をこぼれないようにすくう動きをイメージしてください。**

これは電車のなかでも練習することができます。衛生面を気にされる方もいるかもしれませんが、電車のポールをガシッとつかむのではなく、腕をまきつけ脇をしめ、ポールにそって人差し指をのばすと、美人な「手のしぐさ」のできあがりです。

指先の表情は、相手に対するメッセージでもあります。

強く握っている指先は、まだ「緊張」しています。ゆるくひらいていくのは、心が

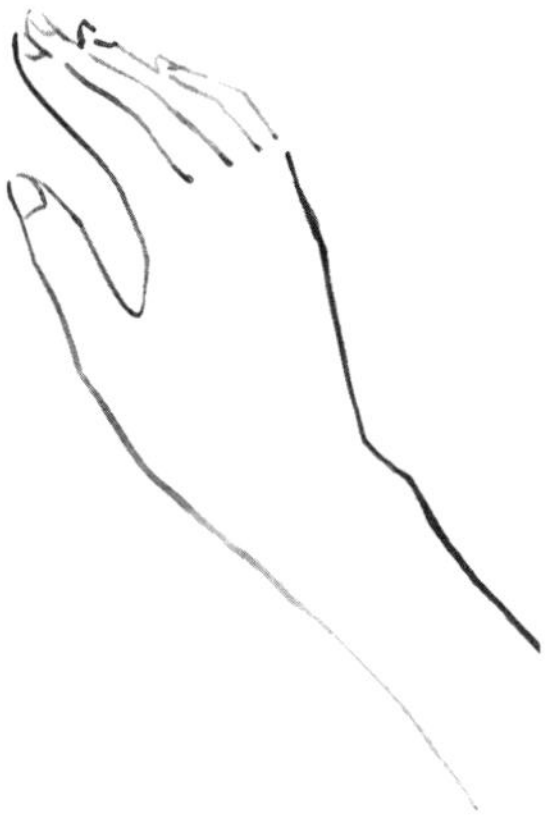

隙間をあけずに手ををそろえる

ポールにそって人差し指をのばす

美しい指先のお手本
「木造菩薩半跏像」 奈良・中宮寺

ひらかれ、身も心も相手にだんだん「惹かれている」しるしです。手がフワッとひらいているのは、相手を「受け入れる」という象徴です。

「3つのタッチ」を使い分け、相手の視線を誘導する

次に、顔と指の関係を細かく見ていきましょう。

動物行動学の研究をしているデズモンド・モリスの『マンウォッチング』（小学館）によると、人が無意識に顔に手をつけるしぐさは、国による慣習の違いはあるものの、総じて不安を感じているときや、嘘をつくときなどで、良いメッセージを意味するものではありません。

ところが、女性の化粧品の広告では、これから紹介する「顔に手をつけるしぐさ」を頻繁に目にします。

これは矛盾しているわけではなく、女性は、不安で繊細な部分にこそ、微妙な魅力があるということです。顔に指がふれることで、その可憐な雰囲気を出すことができるのです。

その繊細さこそ、先ほどご紹介したように手先の表情に表れます。

そして、顔に手を触れる動きは、「あなたもここに触れていいんだよ」というシグナルでもあります。

次のページの3つのタッチにより出される「メッセージの違い」を知っておきましょう。この3つのタッチをするときは、ひじをついて顔を少しカタムケテいると自然です（絵では、位置がわかりやすいように首をカタムケテいません）。カフェにいるときやお酒を飲むシーンなど、二人きりになって相手の話を聴くときにぴったりなしぐさです。Lesson 5で登場する写真を撮るときにも応用できます。

正式な席や目上の方との食事中テーブルにひじをつくのはマナー違反ですが、カジュアルな食事だったらよしとする説もあります。エチケットの権威といわれたエミリー・ポストを曾祖母に持つピーター・ポストも、食事中だから（ひじをついた手は）じゃまなのであって、料理が出ていない間は、話すときにひじをついても不都合はないといっています（『男の行動学』ピーター・ポスト、オープンナレッジ）。

次のページの3種のタッチに、それぞれ番号と名前をつけてしまいましたが、決して「型」だとは思わないでください。会話をしている文脈の中で、「気づいたら自然にそんなしぐさをしていた」というのが理想です。

{ソフトタッチ}

1

心理メッセージ
「大切にされたい」

頬などの「やわらかい」ところに触れると「かわいい印象」になります。頬、唇の端、みみたぶなどに、人差し指や中指を触れるしぐさです。

心理メッセージ
「ドキドキしています」

うなじなどの「かくれた」ところに触れると「神秘的な印象」になります。あごの下〜ネックレスのあたり、顔のかくれている部分、耳の後ろ〜うなじをさわります。

2

{ビハインドタッチ}

3 {ハードタッチ}

心理メッセージ
「対等につきあいたい」

あごやおでこなどの「硬い」ところに触れると「知的な印象」になります。顔の骨ばった硬いところや、おでこやこめかみを指したり、あごを手でささえたりします。

6

恥ずかしさはときめきをつくる

美人は口元をキラッと見る

ざっくばらんにいってしまえば、親密になるかどうかは、ある日、デートの終わりに一緒に帰るのか、いつもどおり別々に帰るのか、そのどちらかです。**その分岐点は「目の使い方」で決まるかもしれません。**

話している途中で口元をキラッと見る「マウスウォッチ」（造語）をすると、インパクトがあり、忘れられない美しい女性に見えます。

意思疎通は「目の色を読む」といいますが、瞳はさわることのできない、永遠に届かない象徴でもあります。

一方口は食物を取り入れる入口であると同時に、言葉を発する出口です。魚から人間に進化する過程では、口は肛門としても併用されていました。口は、恥じらいと欲望が共存している部分なのです。だから、私たちは口元を見られるとドギマギしてし

帰り際に、チラリと相手の口元を見る

まいます。

だからこそ、口元は「上品に」見つめます。

会話中に口ばかり見ていると、相当男性経験が豊富な女性に見えてしまいます。

いかにも自然に、ふと見てしまったように見せるのが理想です。

たとえは、デートの帰り際、座っていたのを立ったときなどは、良いタイミングといえます。男女が立ったとき、ちょうど女性の視線が男性の口元あたりにくるように見るのが自然です（ただし、身長によるので、一概にはいえません）。

会話中は、両目から口にかけての「マジック・トライアングル」のなかを、視線を動かしながら、キラリと口元を見ます。鼻は顔の中心にありますが、じっと見ると何かついているような感じがするので、見ないようにしましょう。

恋愛中でしたら、「ある設定」を演じてみると、ドラマチックを雰囲気がつくることができます。

想像してみましょう。たとえばあなたは気の弱い女性で、愛されるのに不器用だから、この2人きりの状況にドギマギしています。相手の顔のどこを見てよいかわからないから、ソワソワしながらつい視線を口元に向けてしまう……こんな見方はいかがでしょう。

口元を見つめるしぐさで印象的なのが、映画『カサブランカ』です。リック（ハンフリー・ボガード）とイルザ（イングリッド・バーグマン）の飛行場での別れのシーン。〝Here's looking at you, kid〟「君の瞳に乾杯」という名訳のシーンでは、イルザが実に自然に、しかし意識的にキラキラとリックの目と口を見つめているのがわかります。ぜひ一度ご覧ください。

7

せつなさが未練をつくる

美人は、毎回、真剣に別れる

さて、それでは、一緒に帰れなかったときのお話です。次回、またすぐに会えるように、相手の印象に残る別れをしましょう。

せつなさが未練をつくる……演歌のタイトルのようですが、別れがこってりしていれば、感受性の豊かな美しい女性に見えます。

美人に見える人は、たとえ一時の別れでも、名残り惜しんでいます。

そんな女性は別れ際にほんの少し手を振ります。

手の振り方で、言葉にできない気持ちを伝えます。小さな手の振りは「別れが淋しい」というメッセージになるのです。

「小さな別れ」は、胸の前に手をカサネテ、肩幅のなかにおさめ、ヒラヒラと振ります。

人の目は恥ずかしいけれど、「あなただけには見られたい」という気持ちをこめ

胸の前で、一生懸命に、小さく手を振る

て、コンパクトに手を振ります。こうすると、からだが小さく愛らしく見えます。

手の振り幅の小ささに、未練が残ります。はっきりしないところが良いのです。

手の振りがからだの外にはみ出てしまうと、まるで救助隊のヘリを探しているようです。

恋愛に別れはつきものです。デートのたびに出会い、別れを繰り返し、一緒になっても、悲しいことに、いずれどちらかが先に亡くなります。そう考えると、明日も必ず会えるわけではない……だからこそ「別れの一瞬」を大切にしたくなります。

別れ際に、女性らしい手の振り方で、もっと相手を夢中にさせましょう。

せつない別れかたは、さらに会いたい気持ちを募らせるのです。

8

黒い色はからだの動きを制限する

美人はデートで「黒い服」を着ない

さて、デートのクライマックスについて語ってしまいましたが、服の色を変えたことでしぐさが変わり、幸せになった例を紹介します。

ところで、もしあなたが、はじめてデートに誘われて、まだ相手の好みの色がわかっていなかったら、何色の服を着ていきますか？

まずは、自分に似合うパーソナルカラーや色の心理効果を考えるのではないでしょうか？

じつは、「色」はからだ動きの制限までしてしまうので、全体の印象に大きくかかわってきます。

婚活中のKさんは、銀行に勤め、資格もお持ちのキャリアウーマンですが、出会いがないとおっしゃっていました。

気になるのが、話してくださるときに、ずっと肩に力が入っていて、からだと表情が動かないことです。

その原因は何か？　まずは部屋の向こうからこちらまで歩いてもらいました。私は心理学の専門家ではありませんから、「歩き方」で診ることにしています。

なぜ歩き方なのかというと、歩きながら緊張はできないからです。その人の歩き方から、「癖、リラックス度、運動神経」の3点をチェックします。

Kさんは、歩き方に癖はないのですが「笑顔で歩いてみてください」とお伝えしても、表情が変わりませんでした。表情が堅いのは、心のどこかに悩みごとや怒りがある可能性が高いときです。

「そんなの、しかたないじゃない」と言われてしまえばそれまでですが、表情がないと、対話している相手の脳の反応が低くなり、顔じたいが認識されにくいのです。

よくよく伺ってみると、Kさんはご家族で大変なことがあり、婚活は親からすすめられているということがわかりました。

でも本当は結婚はしたくないのか、というと、そんなことはないのです。自分の意志で「今、私は婚活しているんだ」という自発的な楽しさがあれば、問題は解決しそうです。

私がもっとも気になっていたのは、Kさんの服の色でした。

Kさんは、いつも黒い服を着ていました。理由を伺うと「シャネルが好きだから」とのこと。

なるほど、シャネルは、「リトル・ブラックドレス」として、はじめて黒を女性服のアイテムに取り入れました。黒は神秘的で、力強くセクシーな大人の色です。

しかし、それは自立して完成されたイメージです。Kさんの今の状況にふさわしくありません。

黒の心理効果は「厳粛・神秘・威厳・存在感」などがありますが、自分に対する心理作用は「孤独・罪・怒り・不安・恐怖」です。

黒を選ぶ深層心理は「威厳を持たせたい・勝ちたい・エネルギーが足りない・人と交流はしたくない」ときです。どうやらKさんのご家族に対する気持ちのようです。

また、いつも黒を着ていると、意識は重々しくなり、活動エネルギーや内臓の機能も低下するという実験結果が出ています。

そのようなことから、Kさんに、動きたくなる赤系の色の服を着ることを提案しました。

決して真っ赤な色の服でなくてもよいのです。赤に白、グレー、青をプラスして、ピンク、スモーキーなピンク、赤紫というバリエーションをワードローブに加えてもらいました。

色を変えるだけで、からだは反応します。赤い色は、交換神経を刺激し、アドレナリンを出し、血圧を上げてくれます。それを証明することはできませんが、原始時代、人類は生き延びるために食物を探していたとき、熟れた果実の赤い色に「食べていいよ」というサインを見てとっていたのではないでしょうか。

Kさんは、身につける服の色を変えただけで表情が明るくなり、動きやしぐさが軽やかになりました。みるみる活発な印象に変わり、恋愛をスタートさせたのでした。

How to Create *an* Aura of Beauty

Lesson 04

An Elegant Walk

美人な
「歩き方」

「美人は全身でエレガンスを表現する」

Lesson 1, 2, 3 では、シチュエーションに合わせて「型」や「動き」を説明してきましたが、Lesson 4 では「歩き方」の説明です。

まず最初に、P31をご覧いただき「脚」と「足」の違いを確認してください。足の付け根から足首までが「脚（Leg）」、足首からつま先、靴を履く部分が「足（Foot）」でしたね。この部位に分けて、これから説明をいたします。

このレッスンの目的は「人前で歩く姿を美しくすること」です。

いいかえれば、歩き方が美しければ、美しい人に見えるということですね。

この本を読んでくださっている方々でも、「自分の歩く姿を気にしたことがない」という人も多いのではないでしょうか。

それは、自分の歩く姿をじっと見られているなんて、感じたことがないからかもしれません。

でも、どうでしょう。

初めて会う人と待ち合わせをしていて、あなたが先に到着をしていたら、相手がこちらに歩いてくる姿から、まずどんな人なのかを知ろうとしませんか？　気難しい上司や気になる人の後ろ姿などを、本人にわからないように、こっそり見ることはありませんか？

歩く姿には、そのときの健康や心理の状態が現れます。

実際に、企業の面接では、質疑応答が終わって席を立ち、ドアの前まで進む後ろ姿は、入室時よりも注目されるそうです。うまくいったと思っているのか、だめだったと落ち込んでいるのか、あるいは、どんなときでも平常心を保っていられるのかが、その後ろ姿に出ているからです。

また、フランスでは、古くから王侯貴族の子どもたちは、男子でもバレエを習わされていました。立ち居振る舞いを優美にするためです。公務で歩くときにだらしなければ、国の威厳を失ってしまいます。

人前で指導したり話したりする機会の多い人は、歩く姿が美しく見えるかは重要です。

大勢の前で登壇してスピーチをする、表彰されるなどというときは、距離や時間はわずかですが、いやがうえにも注目される絶対に「はずせない」シーンです。

洗練された歩き方ができれば、信頼されます。一方で、歩き方が美しくなければ、せっかく身なりに気を使っても「何かちぐはぐ」という印象を持たれてしまいます。


歩くときに、頭の先から足先まで全方向に気を配ることができれば、たとえフランスの王侯貴族のようにバレエを習わなくても、からだ意識をコントロールでき、立ち居振る舞いが美しくなります。

注目される歩き方と普通の歩き方との違いは、スポーツカーと普通自動車ほどイメージの差があります。これはスピードではなく、フォルムの美しさの違いです。

美しい歩き方は、シンプルである

「美人に見える歩き方」は、ひとことでいうと、「普段のように歩かなければよい」ということです。

禅問答のようですが、美しく歩くとは、シンプル化するということ。いつもの歩き方に何かをプラスするのではなく、今までやっていたことをやめて、シンプルにすることで、美しくなります。

ですから、これから説明することは、からだの力学には相反することもあります。長い時間、楽に歩くことができる歩き方とは逆のこともありますが、目的をご理解ください。

普段の歩き方では、代謝エネルギーがなるべく効率よく使われるようにからだを動かしています。

歩き始める赤ちゃんの姿をイメージしてください。普段私たちは、重い頭を前方に倒すようにして歩いています。頭は体重の約10％の重さがあるので、これが効率のよい進み方なのです。頭の重みでからだが倒れそうになるのをささえるために、ひざが曲がり、脚がフラッと出ます。さらに続けて頭を前傾すると、また倒れそうになるので反対側のひざと脚が出ます。

腕を振る理由は、四足歩行の名残など諸説あり、はっきりしませんが、腕を振ることで、振らない状態よりも、12％エネルギーの消費を抑えていることがわかっています。（『英国王立協会紀要』 生命科学版 Proceedings of The Royal Society B）

これが、私たちが普段無意識に実行している「歩きやすい歩き方」です。つまりねこ背ぎみに頭が垂れ、腕をプラン、プラン振って歩いているということですね。

この普段の歩き方を美しくするために、「ＨＫＫの法則」を使っていきます。次の３つを意識するだけで、歩き方は劇的に美しくなります。

［１］全身を斜め後ろにカタムケル
［２］左脚と右脚の隙間があかないように、ひざをカサネルように歩く
［３］上半身と下半身がヒネられているのを意識する

「歩き方」は、身のこなしの基本ですから、ぜひ身につけてくださいね。
では、くわしく説明します。

1

ゆるい坂道をくだるように歩く

美人は頭が前に出ない

歩くだけで、美人に見える「モアイウォーク」について解説します。モアイウォークは、これから説明する美人な歩き方の総称です。かつて文明が栄えたイースター島に建つモアイ像から名づけました。これから紹介する歩き方が、空を見るような角度で海が見える丘に並んでいるモアイ像の姿に似ているからです。あのちょっととぼけたような姿をイメージして、優雅に海を眺める気分で、楽しく歩きましょう。

「モアイウォーク」は後ろに重心をおく

普段の歩き方と、美人に見える歩き方の最も大きな違いは、「重心」です。

通常の歩き方では、前述のとおり、頭が前に出ています。男性の場合は、ねこ背にならなければ、頭が前に出て歩いていても、ガツガツ勇ましく見えるときもありますが、女性の場合は、前のめりになると「つっかけサンダル」をはいて近所を歩いているように見えます。前のめりにならないことが、優雅な美しい女性に見せるポイントといえます。

まず、頭の位置についてです。

頭の位置は、いつもよりほんの少し後ろに倒します。歩くときに、架空の車のヘッドレスト（シートの背もたれの頭の部分）に、頭をつけているようにイメージしてください。まさにモアイ像の姿勢です。

ただし、このままだと顔が上を向いてしまうので、あごを引いて自分の正面を見るようにします。

重心のバランスも重要です。

簡単にいうと、「ゆるい坂道をくだっている」ように歩けばよいのです。坂道で重心を前に置くと、頭が前傾してつんのめってしまいますから、後ろに重心をおいて歩きますよね。さらに、頭の位置を後ろにすることで、ひざから下をフラッと出すのがむずかしくなります。そのおかげで、背筋がのび、腰から前に進めるようになり、優雅な歩き方になります。

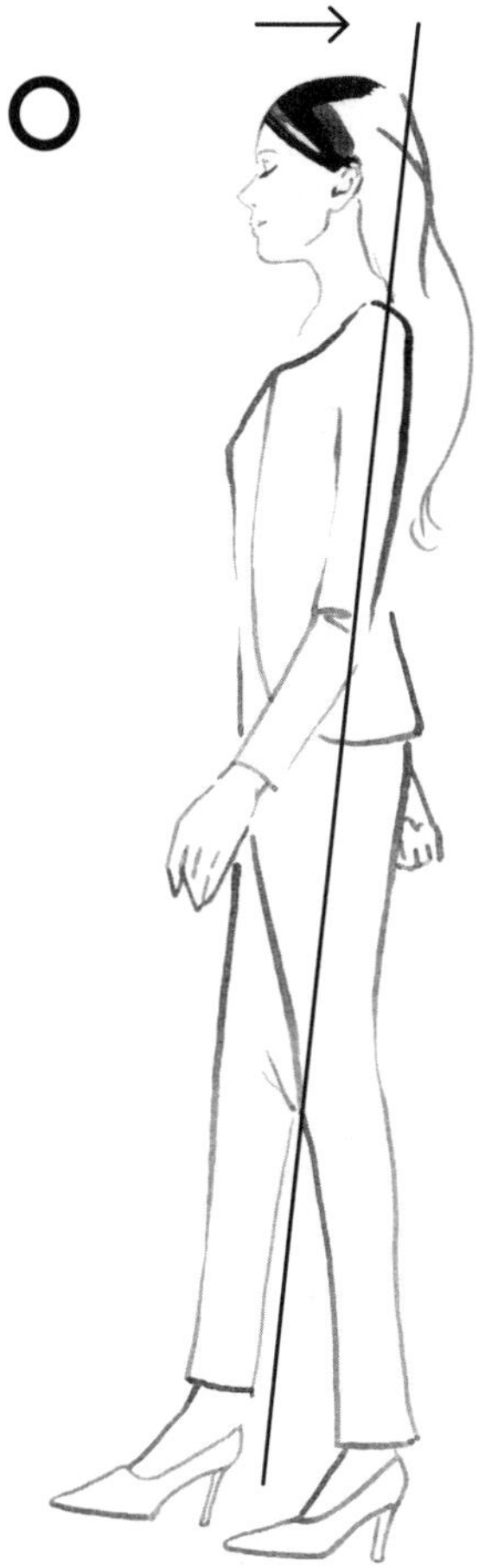

正しいモアイウォーク

普通の歩き方

背中をそった間違った歩き方

では、次のページの絵のように、モアイウォークの始まりの基本の姿勢をつくってみましょう。

①両足をそろえてまっすぐ立ちましょう。まっすぐ立つとは、壁に背中がピタッとくっついている状態です
②片方の足を、靴の長さの半分くらい後ろに引きます
③後ろに引いた足のかかとに体重の８割ぐらいをかけます。全身がわずかに（1〜８度くらい）後ろにカタムイタ状態です。これで頭の重みは後ろにかかります
④あごを引いて正面を見ます

ちなみに、背骨から頭蓋骨につながる穴（大後頭孔）は、頭の中心より少し後ろにあります。ですから、本来のまっすぐ立った正しい姿勢は、頭が少し後ろにカタムイタこの角度だという説もあります。

イースター島のモアイ像の「カタムキ」が、
正しい姿勢

「モアイウォーク」の始まりの基本姿勢

多くの人が間違うのですが、腰から後ろにそってはいけません。坂道をくだるときに、背中はそりませんよね。

では、腰から押されるように最初の一歩を踏み出してください。

実はこのモアイウォークで着地するかかとの角度は、進む方向に対してブレーキをかけています。ですから、フラフラ、ズルズルとは歩けないのです。腰から前に歩く意識を持たないと、前に進みません。

2

脚の運びが「見た目年齢」を決める

美人は足あとを一直線に残す

歩くときに両脚の隙間（歩隔《ほかく》）をあけないように歩くことが、美人に見える歩き方のコツです。

これはタイトなペンシルスカートを履いたときの歩き方といえば、わかりやすいでしょうか。

普通の歩き方をしているとき、両足の隙間は5～10㎝ほどあいています。

しかし、この隙間が空いていると、どこか間が抜けていて、それこそ「普段のまま」という感じがしてしまい、美人とはほど遠くなります。

美人に見える女性は、正面から見て両脚のひざがカサナッテいるかのように歩いています。

では、どのように歩けばいいでしょうか。

前項のモアイウォークのスタート姿勢をつくった後に、両ひざの内側を軽く擦って歩いてみてください。一直線上を歩くイメージです。

歩くときは「ニーキッス（knee kissは造語）」（P81参照）と覚えましょう。

ただし、ひざを強くあてると痛めてしまいます。この練習をするときはデニムなどのパンツをはいて生地がシャッシャッと触れ合う感覚を覚えてください。慣れたらひざをあてずに歩くようにします。

普通の歩き方では親指に力が入りますが、一直線上に歩こうとすると小指側に重心がかかるようになります。ですから、これは長い時間、ラフに歩き続けることができる歩き方ではありません。

後述しますが、胸を高くして、ドスン、ドスンと重心を足先にかけないように、腹筋をしめて歩きましょう。


そして、この歩き方は、女性の骨格構造に合った歩き方でもあります。

ですから、歩くときは男性が脚と脚の隙間があいているのが自然なのに対し、女性は脚と脚の間隔が狭くないと、男っぽくなってしまうのです。

ファッションショーでモデルさんがランウェイを歩くときに足を大きくクロスさせる歩き方は、大げさに見えますが、じつはそれに近いほうが、女性にとっては美しく自然な歩き方であるということです。

○

正しいモアイウォーク
はひざの間があかない

×

脚の隙間があいている
のでNG

なぜ、脚の隙間があいてしまうのか？

では、なぜ普通の歩き方のときに、両脚の隙間が大きくあいてしまうことがあるのでしょうか。

私たちは、たいていどちら側かにかたよって荷物を持っており、それが「癖」になっている可能性が考えられます。長年の癖によって、股関節とひざ、足首の関節がねじれてしまっていることがあります。

いつも片側にばかり重い荷物を持っていれば、その方向にからだが倒れないように、反対側に重心をかけています。重心のかかった足のつま先は安定感をよくするために外を向き、それにつられて脚の付け根が外側にひらきます。筋肉はその癖を覚えてしまいます。

肩に重い荷物をかけていても同じです。荷物が落ちないようにその肩を上に持ち上げた筋肉はずっと縮まったままです。

これが習慣化すると、筋肉はそこだけかたくなり、元に戻らないほどかたまり、骨盤のバランスが崩れるのでガニ股になりやすいのです。よく指摘されますが、荷物が重いときは、こまめに左右の手を持ち替えるようにしましょう。

「歩幅」は狭いほうが美しい

ここで「歩幅」についても知っておいてください。普通の歩幅は「自分の身長－100cm」です（片方の足の先から、もう片方の足の先まで）。しかし、美しく見せるには、これより少し狭めの歩幅にしましょう。

もちろん健康的に見せるには、歩幅を大きくとるのが有効なのですが、ここぞというときや目立ちたいときには、歩幅を狭くとり、落ち着いてゆっくり歩くほうが、かえって迫力があり、威厳が出ます。

3 色気の基本は「腰」にあり

美人は腰から歩く

では、基本のモアイウォークに、少し華やかな雰囲気を加えてみましょう。

真面目なスピーチなどに登壇するときには向きませんが、ちょっとしたパーティーなどではおすすめです。

基本のモアイウォークよりも、腰が、自然にほんの少し左右に揺れるように歩きます。こうすることで、華やいだ気持ちを、からだで表すことができます。

普段歩くとき、私たちは、なるべくひざから下だけを使い、楽をして歩こうとしているため、腰まで使っていません。ですから、腰は沈んでいる状態となり、脚をズリズリ引きずって歩いているように見えます。


では、左の絵のように、腰を使って歩いていきましょう。

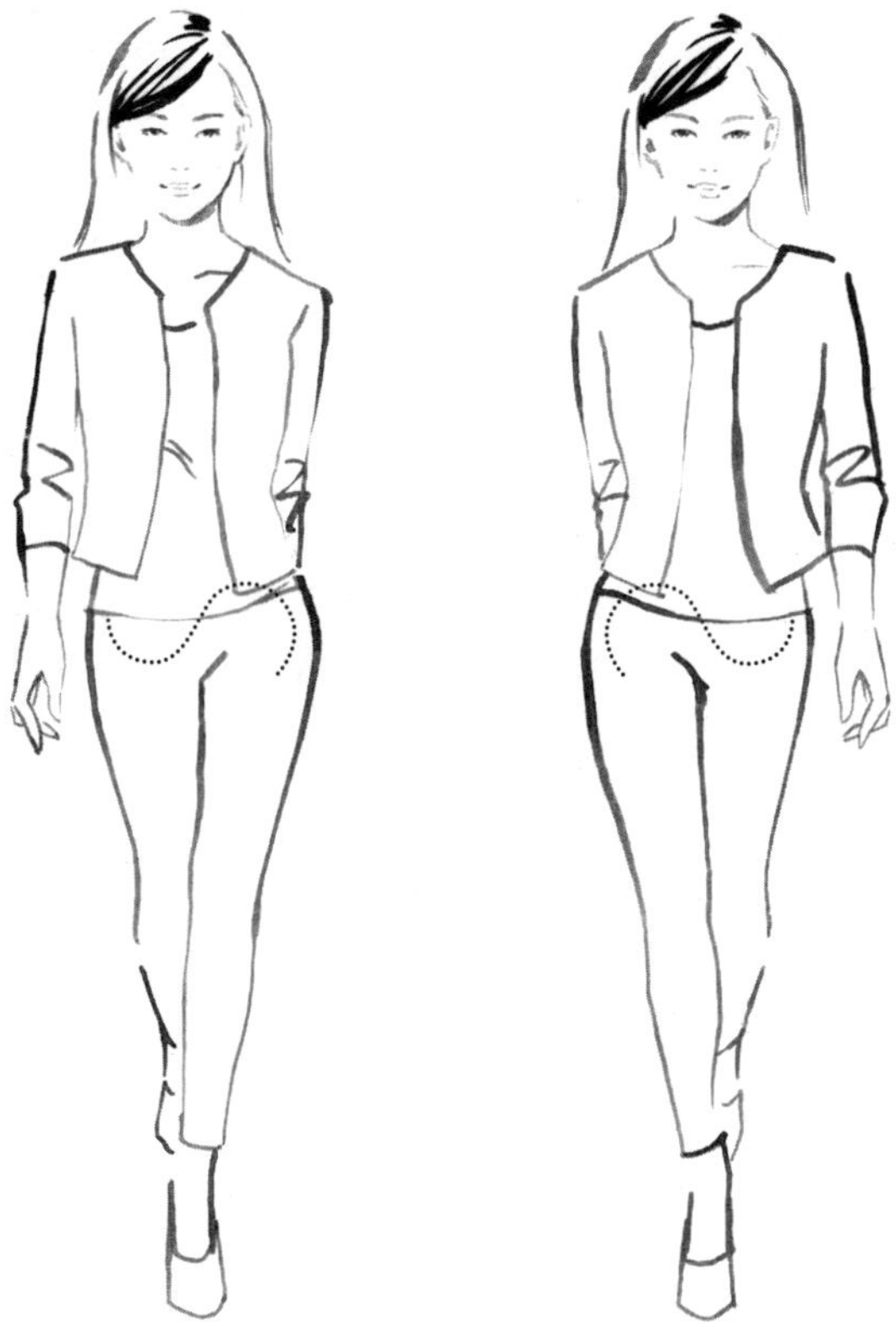

まず、モアイウォークのスタート姿勢（P187参照）をつくります。

そして、前項の「一直線上を歩く」を忘れずに、一歩踏み出します。

着地したほうの片脚に、全体重を乗せてみてください。その重みで、骨盤が少しその脚のほうに張り出す感じがつかめるでしょうか。まずこの感覚をしっかり頭に入れてください。

このとき、着地した脚の反対側の骨盤は、上に持ち上げられて高くなっています。

すると、連続して腰が左右にヒネラレ、スイングして見えるのです。

足音がカツン、カツンとリズムよく響き、それにつられて腰が振られているとイメージしてください。

歩く動きにつられて揺れるのはわずかです。腰を意識的に揺らそうとしないようにしましょう。意識的に揺らす歩き方は、「モンローウォーク」や「フラダンス」になってしまいます。

4

胸を張るのではなく、呼吸で姿勢をつくる

美人は胸の位置が高く、若々しい

華やいだ雰囲気が身についたら、さらに魅力的に、若々しく見えるように歩きましょう。

歩くときに胸の位置が高いと、姿勢がよく、活き活きとした美人に見えます。

「姿勢をよくする」と聞くと、胸を張ることをイメージされると思います。

けれども、胸を張って歩くのは、男性が、自分を堂々と見せるためです。

女性は、胸を張るのではなく、上げて歩きましょう。これが女性らしい姿勢です。

ではやってみましょう。

胸の上げ方は、深呼吸をして息を吸った状態、つまり胸式の呼吸をして胸が上に上がった状態をキープします。

レントゲンを撮った経験がある人は、あの「息を吸って、はい、止めて」と止めた状態を思い出してください。

もちろん呼吸はしますが、この態勢を筋肉に覚えてもらい、キープします。

この状態の姿勢はお腹が引っ込んでいて、スタイルもよく見えます。

筋肉が覚えると聞くと、曖昧に思えるかもしれません。でも、私たちには、「筋感覚」といって、筋肉の形状を覚える感覚が備わっています。

たとえば、目隠しをして、ほうきの柄を持ったときに、その重さから、ほうきの長さの見当がつくといった感覚です。

慣れてくると、歩き出す前に、少し大きく息を吸うだけで、この胸を上げた姿勢がとれるようになります。

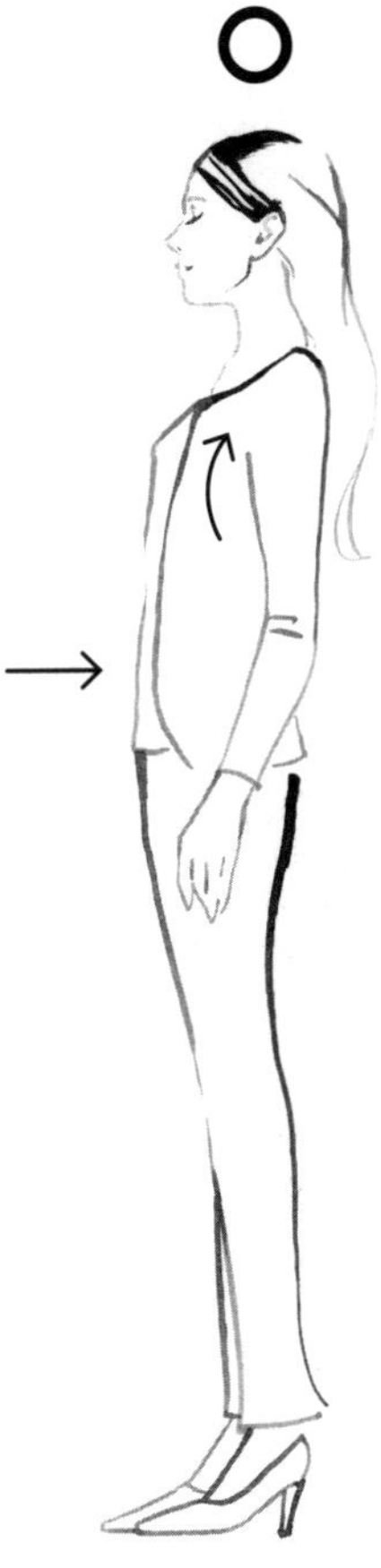

深呼吸をするときに、
息をスーッと吸った瞬
間の胸の位置をキープ

肩が内側に入り、ねこ
背になった状態

5

腕の振り方に品が出る

美人は元気に歩かない

歩くときにひじをのばし、腕を前後に大きく振らないようにすることで、エレガントな女性に見えます。

「ひじをのばす」×「腕を前後に大きく振らない」

これが美人な歩き方の鉄の掟です。

普通の歩き方は、ひじを曲げ、腕をプランプランと振っています。

ひじを曲げる癖が出やすい理由は、前述したとおり、腕を振ることで、本能的に代謝カロリーをおさえているからです。しかも、腕の振りの強さで、歩くスピードを上げるという癖もついています。こうして「歩くのに忙しい」感じが出ると、落ち着きがなく見えてしまい、エレガントさが損なわれるので、注意したいところです。

では、腕の振りの良い例と悪い例を、次のページの絵で説明しましょう。

①は普段の歩き方です。ひじから先（一の腕）をプランプランと前に放り投げるように、反動で揺らして歩いています。腕が外に広がるため、統制が取れておらず、だらしなく見えます。

次によくあるのが、いつも腕にハンドバッグを通す人に多い②の歩き方です。腕を前に振ったときに、ひじから先がお腹の前あたりに入りこんできます。肩が狭まり、貧相に見えます。この歩き方も、腕を前に振った反動で、後ろに振るときには外に広がりますから、乱暴に見えます。

肩から手先までがやわらかくのびているのが、美しい歩き方の基本です。**③のように、上から見たときに腕の振りの横幅が、肩幅から外に出ないようにしましょう。**そして、手の重みでひじをのばす。これが最大のポイントです。

①

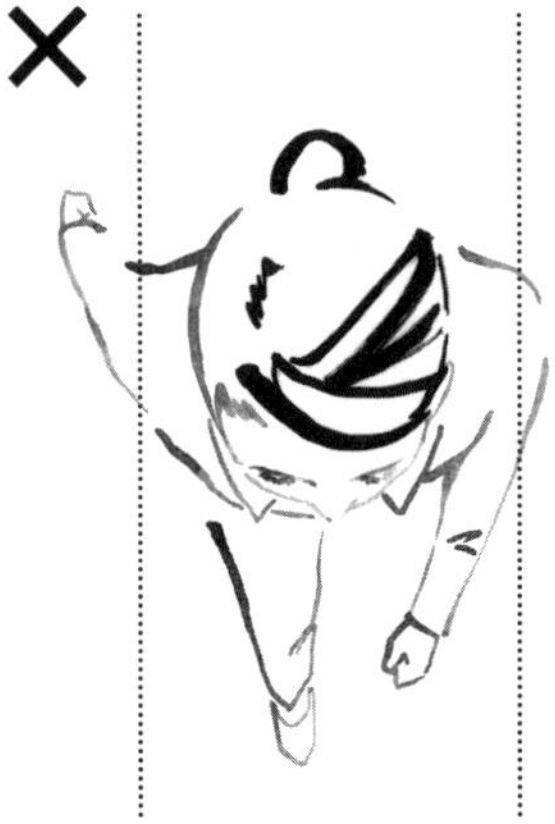

① 腕がプランプランとし、外に広がる

②

② ひじから手を折る

③

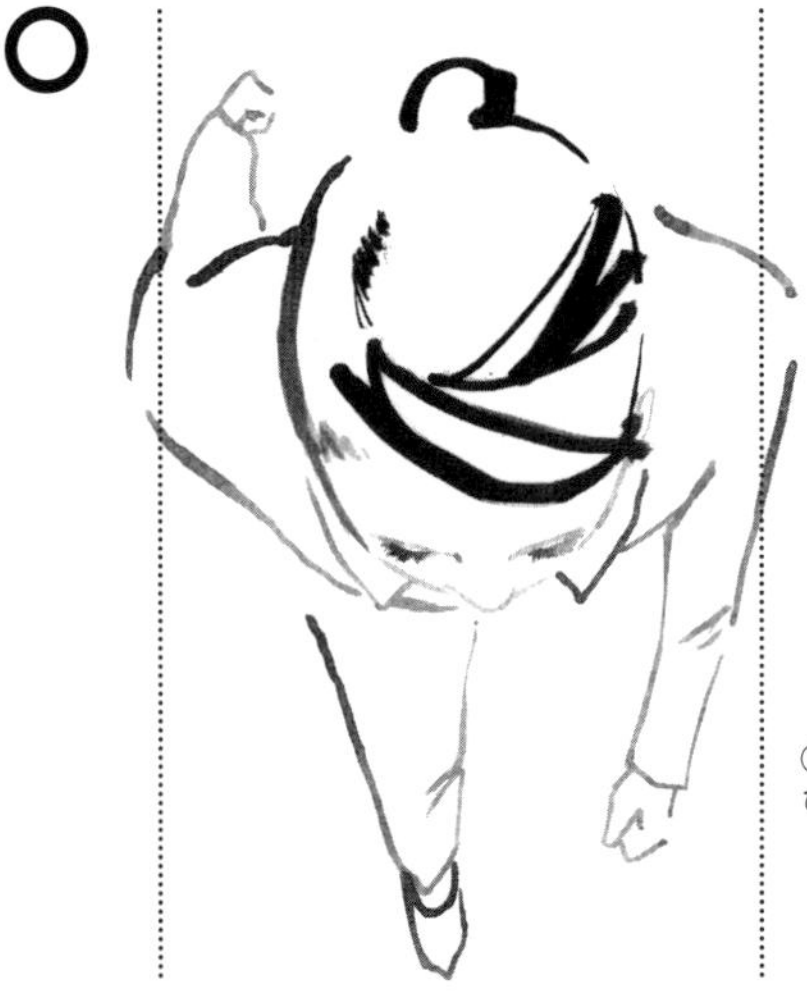

③ 腕が外に広がらず、ひじはのびている

ひじから先を、プランプランと外に広がらないように歩く癖をつける方法をお教えしましょう。

まず、500mlのペットボトルを用意してください。

口のキャップ部分を上からつまみ、左右両方の手にぶらさげます。手の甲は前ではなく横に向けます。これで適度な重みがかかるため、ひじがきれいにのび、腕を前後に振ることができなくなります。

練習でこの感覚を覚えたら、ペットボトルをはずし、自分の手の重みをペットボトルだと感じてください。これでひじがきれいにのびます。

余談ですが、ファッションショーでは腰からダイナミックに歩くほうがパワフルに見えるので、腕の振りは前に4、後ろに6という割合になります。

からだの外にはみ出さないように、ひじから手先（一の腕）の内側が、お尻のふくらみを、軽く擦るようにして歩いています。

美人は横揺れしない

歩くときに上半身が横に揺れず、まっすぐの状態を保つことができると、上品な雰囲気になります。

上半身が左右に揺れると、やじろべえのようで、見ているほうは落ち着きません。私たちは筋力が落ちると、なるべく脚を上げないで歩くようになり、左右にからだをゆすりながら、その反動で進むようになります。

つまり、横揺れの動きが大きいと、老けて見えるのです。

また、上半身が横揺れしている状態は、気持ちよく酔っ払っているような、リラックスした状態を表します。たとえば、音楽で考えてみましょう。横に揺れるのは、レゲエなど、漂流するようにゆったりしたリズムに身をゆだねる音楽です。グルーブ感たっぷり、つまりやる気のないときです。

心の底からリラックスしたいときはこれでいいのですが、美人な歩き方に取り入れることはできませんね。

横揺れして歩いていると
老けて見える

横揺れしないために、まず「腹筋」をしめましょう。

胸を高く維持するときに（P199参照）、息を吸い、お腹がへこんだことを思いだしてください。その状態をキープするようにします。腹圧をかけて、おへそのあたりの筋肉を背中につけると思って引き締めます。これで上半身は横揺れしません。

「上半身は普段からまっすぐにして歩けているはず」という方に、ぜひ試していただきたい実験があります。

歩道の線や路肩の幅が10㎝と仮定します。下を見ずに、10㎝幅をキープする見えない一本線から両足がはみ出さないように歩いてみてください。ひざをカサネテ、脚をひらかないように。10㎝の幅を守りつづけるのは意外とむずかしかったのではないでしょうか。

それは、自分では気がついていませんが、上半身が左右にぶれているからです。大きく揺れてしまった人は腹筋が弱い可能性があります。

寝ているときに、お腹を背中のほうにくっつけようと腹圧をかけるだけでも、腹筋を鍛えることができます。

7

視線の到達点で、頭の位置が決まる
美人は遠くを見て歩く

それではいよいよ仕上げです。

歩くときは、視線をキョロキョロさせなければ、美人に見えます。

私たちは普段歩くとき、考えごとをして下を向いていたり、つい携帯を見ていたりします。これはキョロキョロ視線を動かす癖がついていると思ってください。

キョロキョロ歩きを防ぎ、美人な歩き方をするには、遠くを見ることです。

到達点である目標を遠くに決めると、頭の位置がぶれません。歩き方が力強くなり、自信がありそうな雰囲気が出ます。

なんだか漠然としていますが、実験してみましょう。

片腕をのばして人差し指を立て、両目の間に置いてください。だんだん自分の鼻のほうに近づけていきます。そうするとかなり目に近づいたところで、指が2本に見えるようになりますね。そこが焦点のぼやけるところです。

では、指をはずしてその焦点がぼやけたところに視点をキープし、歩いてみてください。むずかしかったら、寄り目をしたまま歩いてみても同じ効果です。とても歩きにくいはずです。不安になり、危険を感じたことと思います。

このように焦点がしっかりしていないと、ピシッと歩けないのです。

ですから、いざというときには、目線を遠くに決めてから歩き出しましょう。

美人な「歩き方」を練習しよう

さて、これまで習得してきた美人な歩き方をどこで試したらよいのでしょうか。

安心してください、毎日歩き方のレッスンをしようなんて思わなくても、大丈夫です。

実は「横断歩道」がおすすめです（もちろん、安全面を考え、混んでいるときはやめておきましょう）。

なぜなら、横断歩道は、歩き出しの「きっかけ」と「終わり」があるからです。スタートがあり、わずか数秒でたどりつくゴールがあるという設定は最高です。

横断歩道の向こう側に溜まっている人たちを「観客」という設定にし、にぎやかで人目がある横断歩道で「一人ランウェイ」を実践してみましょう。

携帯電話などを手に持ち、視線が定まらずに歩いている状態

視線を遠くに向け、目標が定まっている状態

おしゃれをした日や最高の天気の日などの気分が盛り上がっているとき、あるいは仕事のお昼休みや重い荷物がないときもおすすめです。

歩き出す前に、モアイウォークのスタート姿勢をつくります。
片足を引いて頭を背中側にカタムケ、重心をかかとにおきます。
顔は正面に戻し、視線は遠くに。
胸で呼吸をして、その胸の高さをキープ。
腕は振らずに、一直線上を歩くように、脚をカサネテ、向こう側まで歩きましょう！

How to Create *an* Aura of Beauty

Lesson

05

Taking Elegant Photos

「いいね！」が増える美人な「写真」の撮られ方

「撮られれば撮られるほど自分を好きになる」

ついに仕上げのレッスンです。このレッスンのテーマは「写真」です。

現在私は、モデルやタレントを目指す方から一般の方まで、さまざまな方に「自分を上手に演出し、最高の自分で写真を撮られるにはどうすればいいのか」について指導しています。

写真は「スチール（still＝じっとした）」ともいいます。つまり「静止」と同義語です。だからといって、写真を撮られるときは、本当にカチッと止まればいいわけではありません。

「限りなく動きつづけている最中の一瞬をたまたま切り取られる」と考えてください。すると、活き活きとした雰囲気が写真に写りこみます。

このレッスンの目的は、写真に撮られるときに、必ず「美人」に写ること、見える

ことです。

あなたの写真を見てくれた人の「いいね」の数を増やすことです。FacebookやInstagramなどのSNSを更新するときは、重要ですよね。

自分の写真をほめられたり、SNS上で「いいね」の数が増えたりすると、自然と自分のことが「好き」になります。すると、今度は他人に対しても優しくなることができますから、あなたがいるだけで、周りは幸せな気分になるでしょう。

Lesson 1から4までに試していただいた成果を、ぜひ「証拠写真」として残してみましょう。

目で呼吸し、写真に「余白」を写りこませる

美人に見える写真の撮られかたのコツを、ひとことでいうと、レンズに向かって「目で呼吸すること」です。

カメラのレンズを通して自分を見る人に向かって、変につくりこんだりせず、「私はこんな人ですよ」と伝えるようなつもりで、目線を向けます。「自分の『息吹』を届かせる」と思ってください。

カメラの前に立つときはリラックスすることが重要ですが、リラックスするとは

「自分に集中すること」です。カメラの前に立つ前に、自分と対話し、自分に「問い」を投げかけます。問いは、「私は、どんなときに、最も満たされた気分になっているだろう？」と考えてみてください。

目に見えなくとも、その問いは写真にも反映されますから、見る人は、そこに何があるのかを想像します。そんな想像をかきたてる「余白」が写っているのが、理想の写真です。

そして、この「余白」こそ、美しさの元である「雰囲気」そのもの。

それをつくるために、「ＨＫＫの法則」を使って、くわしく説明します。

また本レッスンでは、余白づくりのために、キャラクター診断のテストをご用意しました。自分の思考の傾向から、自分のキャラクターを考えてみる方法です。

外見（骨格や髪型）の特徴に合わせるだけでいいなら、メイクや服などで表面的なキャラクターをつくりあげることはできます。けれども、私たちが「自分はこうありたい」とつねに抱いている像とは、もっと本質的なところにあるはずです。

７つのキャラクターから自分のタイプを見つけ、より自分らしい「美人な写真」を実現しましょう。

Column
{2}

「誰が言ったの?」「どんな人なの?」で価値が決まる時代

評価の基準が変わった時代です。レストランに行くときにホームページにシェフの顔が載っているのといないのとでは、親近感が異なります。SNSの内容も、本人の顔写真があるかないかで信じられたり、信じられなかったりします。

良いか悪いかは別にして、「個人の顔」が「情報に対する価値」を左右するようになりました。調査会社のイーマーケターによると、全世界の3人に1人がスマホなどのネット端末を持ち歩いているそうです。

欧米では、著名なタレントがセルフィー（セルフポートレート）で、ドキッとする自撮り画像をUPして話題づくりをしています。Instagramに自分の写真を出し、チャンスをつかんだ人もいます。米国の男性モデル、ラッキー・ブルースミスは、16歳のときに投稿して大ブレイク。女性モデル、シャーロット・マッキニーは、グラマラスすぎてファッショナブルではないと、どこの事務所にも断られていたそうですが、Instagramに自主投稿し、「いいね」の数で話題になり、CM出演のチャンスをつかみました。

多くの人に見てもらうだけで価値が生まれる時代は、「これからどこまでいくのだろう」という気もしますが、自力でマーケットを見つけられる楽しさは続きそうです。

1

背が高く、若々しく、やせて見える鉄板のポーズ

美人は「角度」を知っている

今までのレッスンで習得したことをふまえて、証拠写真を残してみましょう。

P26で、古代ギリシャのヴィーナス像を例に、「ヒネル」「カサネル」「カタムケル」がきれいに混ざっているゴールデンポージングについて説明しました。

この姿勢は、もちろん写真撮影にも活用することができます。美しい女性に見えるだけでなく、背が高く、若々しく、やせて見せることができる大変便利なものです。

手始めに、イスに座っている状態で、バストショットサイズのプロフィール写真を撮るときの姿勢について、お伝えします。次のページの写真がお手本です。関節を意識しながら試してください。つくり方は大きく分けて次の3つをおさえます。

- **からだ（肩・胴体）の向き**
- **首の向き（目・顔・頭）**
- **指、手の向きを意識した「腕の位置」**

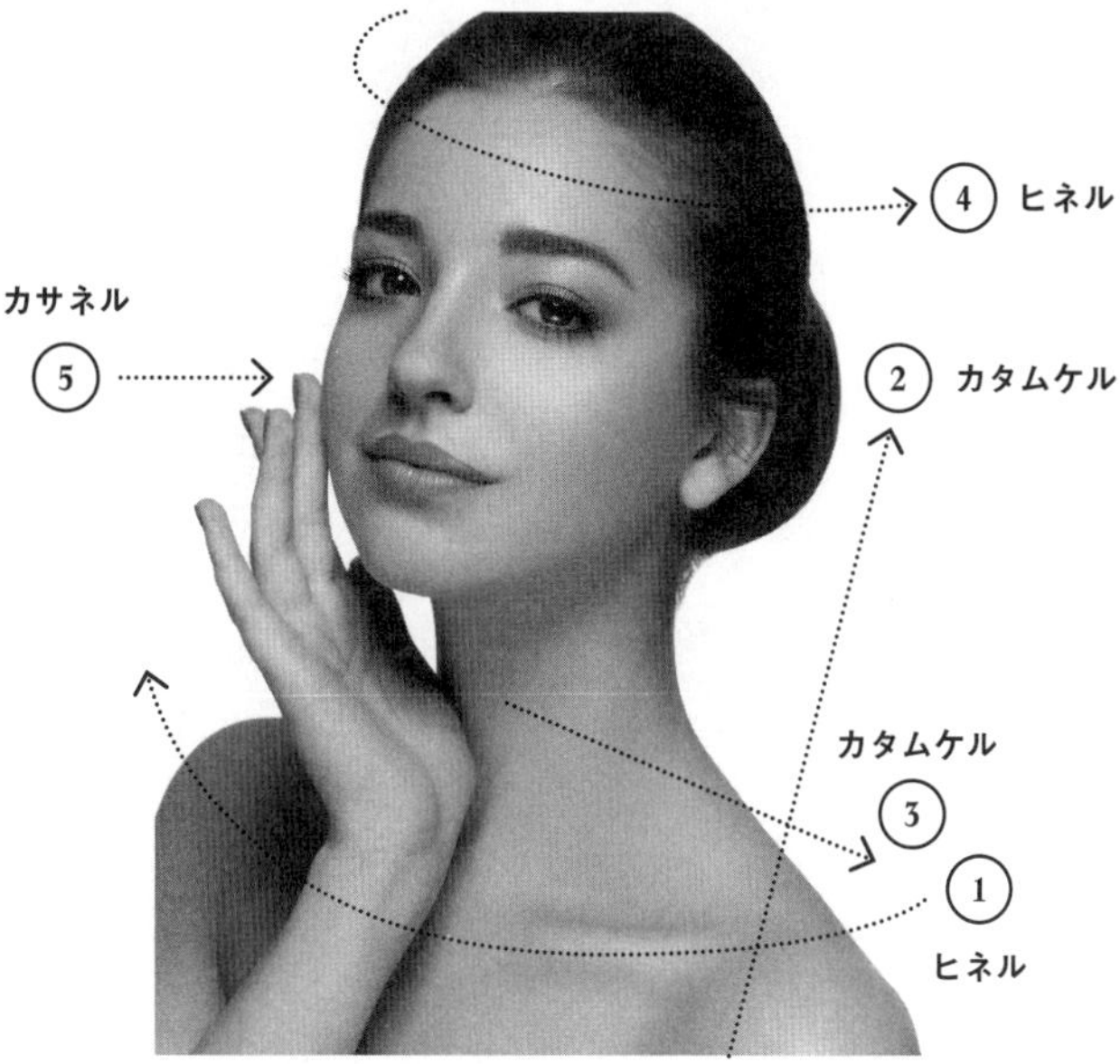

では、お手本の写真を見ながら、姿勢をつくっていきましょう。

① カメラに対して自分の右肩を斜め後ろに引きます。こうすると肩幅が小さくやせて見えます。

② 後ろ方向に重心をかけ、背中をカタムケます。Lesson 4 のモアイウォークの背中をカタムケタ重心を思い出してください。これで胸がきれいに開きます。

③ 左肩を斜め下方向にカタムケます。奥から手前に向かって肩に高低差がつき、パワフルで語りかけてくるイメージに。

④目線と顔の向きを意識して首の向き（目・顔・頭）を決めます。首を肩の開きと逆方向にヒネルことで、若々しくなります。

⑤最後に、右手を腰におく、あるいは両手をそろえて腰の後ろにカサネル、襟もとに手をカサネル、顔に手をカサネルなどし（P１６６参照）、腕の位置を決めます。これで表情に合ったトータルな美しさができあがります。

2

「スターキャラクター分析」で自分のアピールポイントを知る

美人は単調ではなく「自分の持ち味」を知っている

つぎに、「自分のキャラクター」を探り、それに合う表情づくりをしていきましょう。私たちが「個人」を覚えるのに、キャラクターはセットになっています。

記憶は、「意味記憶」という数学の公式を暗記するような領域と、感覚や感情が記憶する「エピソード記憶」という領域の2つがあります。キャラクターはこのエピソード記憶の領域にうったえかけます。たとえば40年続いている少女漫画『ガラスの仮面』の1話ごとのストーリーは思い出せなくても、強烈な登場人物のキャラクターは鮮明に思い出せるのではないでしょうか。

自分の存在を印象づけるために、キャラクターは非常に重要なのです。

そして、自分に合ったキャラクターを理解し、その上で表情をつくることが、単調ではない「自分らしい、美人な写真」を撮られることにつながります。

「スターキャラクター分析」テスト

「スターキャラクター分析」では、恋愛、仕事、趣味の3つに対する今のあなたの価値観から分析し、あなたのキャラクターを探していきます。

①A「あなたの恋愛観とは?」、B「仕事でどのように評価されるとうれしい?」、C「あなたにとっての趣味とは?」について、それぞれ1~7の設問があります。次の選択肢から答えを選び、その点数を各欄に書き込みます。

5点「まったくそうだ!」
4点「そうだ」
3点「どちらともいえない」
2点「そういうときもある」
1点「そう思わない」
0点「まったくそう思わない」

②1~7まで、横軸の「合計点」を、それぞれ一番右の欄に記入します。

	A あなたの恋愛観とは？	B 仕事でどのように評価されるとうれしい？	C あなたにとっての趣味とは？	合　計
1	一緒にいることでホッとしたい （　　点）	昇給・昇進などの目に見えるステップアップ、次の仕事への抜擢など （　　点）	趣味を通じて、仲間や恋人と世界を共有することが大切 （　　点）	点
2	堅実な家庭をつくりたい （　　点）	リーダーとしてチームをひっぱった功績を評価される （　　点）	勝ち負けがはっきりしている趣味が好き （　　点）	点
3	会ったときにちょっとしたプレゼントを贈りたい （　　点）	ねぎらいの言葉をかけられると報われる （　　点）	趣味を活かして人に何か貢献して、感謝されたい （　　点）	点
4	プレゼントをもらうより、一緒に豪華な食事をしたい （　　点）	誰からでもなく、自分で自分に旅やバッグをプレゼントする （　　点）	自分のためになるような教養を身につけたい （　　点）	点
5	両親や周りの人の期待にも応えたい （　　点）	直接言われるのではなく、こっそり評価される （　　点）	自宅に友達を集めて趣味を披露し、仲良くなりたい （　　点）	点
6	徹底的に愛し、愛されたい （　　点）	ステージなどで大勢の人から拍手をもらう （　　点）	趣味に夢中になっている自分こそ、最高に絵になっている （　　点）	点
7	愛する人がいるとすべてに前向きになれる （　　点）	自分の実績や手がけたものが海外でも認められ、メディアに顔写真が出るなど （　　点）	趣味を始めることで自分の才能を発見し、ひたすら没頭したい （　　点）	点

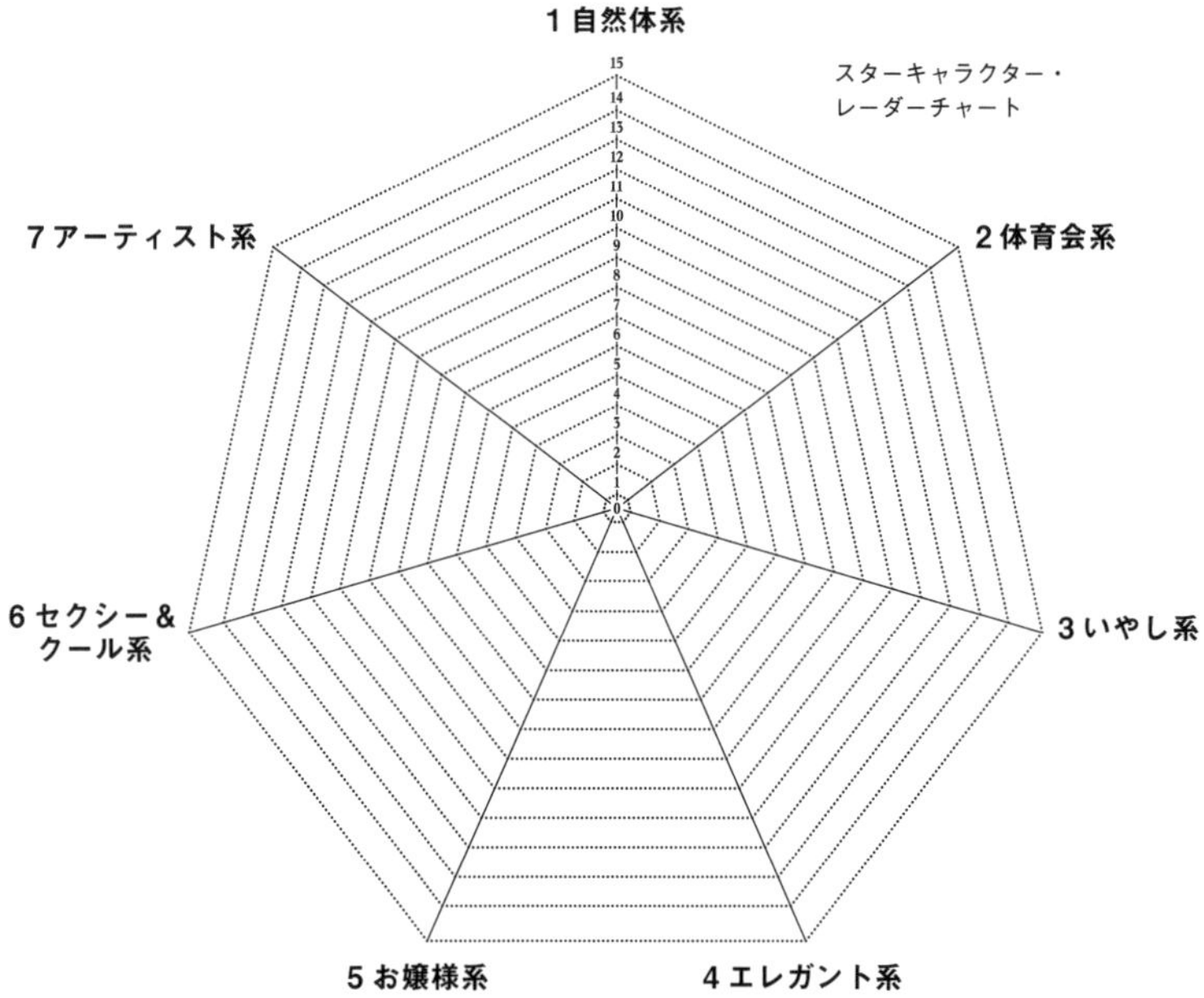

③1～7は、次の性質を表していました。

1　自然体系
2　体育会系
3　いやし系
4　エレガント系
5　お嬢様系
6　セクシー&クール系
7　アーティスト系

②で出した1～7の合計点を、上のレーダーチャートの各目盛にそれぞれ入れて、点数を線でつなぐとできあがりです。

レーダーチャートでわかる「私のキャラクター」

さて、いかがでしたか。レーダーチャートを線で結び、完成した形を見ると、偏りがある人とない人がいます。突出している部分こそ、あなたのキャラクターです。形がいびつでわかりやすく偏っている人は、すでに自分についてはっきり理解していて、はたから見てもわかりやすいキャラクターの持ち主です。

一方で、形がまるく、どれも点数が均等の人は、あまり自分のことを把握しきれていない可能性があります。

このレッスンの冒頭にも書きましたが、自分の見た目がどのようなタイプであるかに関係なく、心のなかに「自分が望む姿」というものがあります。いくらメイクや服を変えたとしても、その心の奥底で望む自分像を変えることはできません。

そんな自分の本質ともいうべき部分をこのキャラクター分析で洗い出し、より自分を理解してみましょう。

この分析でわかった自分のキャラクターは、いわば肩の力が入っていない素の自分。それこそ写真に表すべきものです。

これから紹介する、自分のキャラクターを最大限に生かす「しぐさ」が身につけば、無理に演じているようなわざとらしい写真になることもありません。自分らしくリラックスしている「美人」として、写真に写ることができるはずです。

迷ったら「キャラ全開笑顔」で

3

美人は自分に合った「キメ笑顔」を知っている

映画女優や有名アーティストは、じつは自分のキャラに合う「キメ笑顔」を持っています。

オードリー・ヘップバーンは、写真では口を開けて笑いません。オードリーは、もともと歯並びを隠すために、この笑顔をつくっていたそうですが、オードリー自身のキャラクターと合い、定着してしまったのでしょう。また、カントリー歌手のテイラー・スウィフトは、公式写真はつねに歯を見せずに微笑んでいます。これは「アイドルのように扱われたくない」というキャラクター主張かもしれません。

では、さきほど判明した「自分のキャラ」に合う美人になるために、「キメ笑顔」をつくってみましょう。とくにSNSに載せる写真の多くは、笑顔になります。レーダーチャートの一番点数の多かったものを目安に、試してみてください。

「キメ笑顔」は口からつくる

表情を変えるときは、「口」から動かします。しゃべる、食べるを繰り返している「口輪筋」という筋肉は、最もよく動く筋肉だからです。

表情が変わったように見えるのは、目の形が変わるからですが、正確には目の周りの「眼輪筋」という筋肉が、他の表情筋、この場合は口輪筋の動きにつられて形を変えています。眼輪筋じたいは、単独では動きません。ですから口の形から変えましょう。

また、これから解説する7つのキャラクターの笑顔それぞれに「トリガーボイス」なるものが登場します。トリガーボイスとは、そのキャラを引き出すきっかけ（トリガー）になる言葉です。**心の中でつぶやいたり、実際に声に出したりすると、自然とそのキャラの表情がついてきます。**

私の写真の撮られ方レッスンでは、生徒さんご自身にそれぞれのキャラのトリガーボイスを繰り返し口に出してもらうこともあります。だいたいの人は、口に出すことで緊張がとれて、良い写真が撮れます。

①

自然体系キャラ「さわやかな笑顔」

- 全体イメージ……健康的なさわやか笑顔／悩みがない笑顔
- つくりかた……眉毛を少し上げる→上の歯を４～６本見せる
- イメージキャスト……長澤まさみ／綾瀬はるか／小泉里子

♥トリガーボイス……「一緒にやりましょう」「よろしくお願いします」「こんにちは」

自然体系キャラの人は、ナチュラルでありたい人です。温和で親しみやすく、つくっていない人。環境への適応が早く、仕事も家庭もバランスをとろうとします。

そのため、基本的によけいな動きはしません。まっすぐなイメージです。ちょっとものたりないくらいですが、**実はポーズなどをとらない「生っぽさ」が、一番強いことを知っています**。ですから朝の挨拶をするような「さわやかな笑顔」をつくることが基本です。

②

｛体育会系キャラ「フルスマイル」｝

・全体イメージ……力強い笑顔／自信のある笑顔／快活な笑顔
・つくりかた……今にも笑い声が聞こえてきそうな感じで口角を上げる→上の歯を８本以上見せる→上の歯と下唇の間をあけ、快活に見せる（下の歯を見せると、動物っぽくなるので見せない）→眉毛を大きく上げる
・イメージキャスト……米倉涼子／篠原涼子／天海祐希
♥トリガーボイス……「まかせて」「よし！　やるよ」「なんとかなるっ」「やったぁ！」

体育会系キャラの人は、さっぱりと、明るい性格でありたい人です。スポーツのように始まりと終わりがあり、勝ち負けもはっきりしていることが好きです。人から頼られるリーダーシップ力もあります。

たとえば屋外のベンチに座り、スポーツ観戦などをして応援するようなシーンが似合います。**味方チームが得点をあげて、大喜びで歓声をあげるような無邪気な雰囲気を、その曇りない笑顔で伝えましょう。**

③

いやし系キャラ「甘笑顔（あまえがお）」

・全体イメージ……優しい笑顔／照れ笑い／人のよさそうな弱い笑顔
・つくりかた……口に力を入れず、薄く唇をあける、あるいは、すっぱいものを食べて唇を横にひっぱった感じに→片方の肩に顔をカタムケル→目尻を下げて少し上目使いで見る
・イメージキャスト……石原さとみ／ヨンア／井川遥
♥トリガーボイス……「大丈夫？」「それ大好き」「おつかれさま〜」「おかえりなさい」

いやし系キャラの人は、かわいい女性でありたい人です。少女らしさと母性が同居していて、あなたがいるとなんとなくまわりはホワッとしてあたたかい空気になります。でも実は、他者のためというより、いつも女性らしく、かわいらしく努力している自分が大好きという側面もあります。好きなものに囲まれている自分の部屋の中にいるイメージ。

写真では、その「自分愛ムード」がなぜか共感されます。同じように思っている人が多いからです。**Ｐ１６６に登場した自分を慈しむ「顔に手をつける」しぐさと笑顔を組み合わせるのも似合います。**

④

エレガント系キャラ「微笑み」

- 全体イメージ……上品な笑顔／澄ました笑顔／微笑み
- つくりかた……口角だけ少し上げる→目尻だけ少し下げる
- イメージキャスト……吉瀬美智子／堀北真希／檀れい

♥トリガーボイス……「ゆっくり考えてみますね」「素敵」「協力しましょう」

エレガント系キャラの人は、洗練されていて、センスを大切にする優雅な人でありたいと思っています。芸術などにも興味があり、自分をスマートに高めていきたいと思っています。精神性を重んじる人なので、全体的に落ち着いています。アイコンはヨーロッパの国々です。落ちついたホテルのロビーでくつろいでいるイメージも似合います。

カメラに対しては、特別にニコニコしたりはしません。**「私の雰囲気そのものを伝えたいわ」というような「余裕」を、表現したいところですね。**

⑤

お嬢様系キャラ「しっかり笑顔」

・全体のイメージ……しっかりした笑顔／含み笑い／きれいなつくり笑顔
・つくりかた……歯は見せても見せなくてもよい。口角をクイッとヒネッて上げる（頬が三角の山に盛り上がる）→眉毛は上げないでそのまま
・イメージキャスト……桐谷美鈴／新垣結衣／蛯原友里
♥トリガーボイス……「私がやります」「ありがとう」「ゆっくりしましょう」「願いはかなう」

お嬢様系キャラの人は、上品に格調高くありたいと思う人。古風な人柄で、礼節を重んじ、責任感も強く、誰からも信頼される人です。ある程度の年齢まで、親御さんが選んでくれた服をそのまま着ていたような天然な雰囲気の持ち主かもしれません。

このキャラの人の場合、笑顔はどこか堅いままでよいのです。ゆっくりとした時間の流れをイメージさせるような、クラシカルな建物やアンティークの家具のある部屋で紅茶を飲んでいるのが似合います。ピアノのイスにちょこんと座っているのも、いいですね。

⑥

セクシー＆クール系キャラ「クールな笑顔」

・全体のイメージ……薄い笑い／かっこいい笑顔／ほとんど笑わない
・つくりかた……唇をうすくあける→あごを引く→相手（カメラ目線）を強く見る
・イメージキャスト……黒木メイサ／北川景子／栗山千明
♥トリガーボイス「うふ、本気？」「かっこよくいたいナ」「何見てるの」

セクシー＆クール系キャラの人は、楽しく自由でありたいと思っています。新しいものを見たり、触れたり、買ったりするのが好きです。刺激がないのは耐えられません。異性にアピールするまでもなく、かっこよく目立っている自分が好きなのです。自分の魅力をよくわかっているので、カフェなどで気になる相手が目の前にいると、相手の目をじっと見つめることも。

その表情をそのままカメラに向けると、魅力的に写ります。

⑦ アーティスト系キャラ「笑わない笑顔」

・全体のイメージ……自分に満足している笑み／（人ではなく）空、海、花などに向かってほほえむ
・つくりかた……口は閉じるか、軽くあける→正面（カメラ目線）をはずしてもよい→目だけで笑う
・イメージキャスト……土屋アンナ／宮崎あおい／中島美嘉
♥トリガーボイス「私だけの～」「世界に一つ」「ぜったい○○」

アーティスト系キャラの人は、常に自分らしくありたい人。自分のこだわりを大切にして生活している人です。「ロック」から「ヒーリングミュージック」まで音楽でイメージできる人が多いでしょう。自分への思いが強すぎて、ときどき窒息しそうになることも。その「ギューギューにつまった感」をフレームいっぱいに爆発させる、あるいは、自然に解放するとベスト。

写真を撮られるときは、視線をあえてはずし、一人で笑う、あるいは目だけでメッセージを送るようにすると、雰囲気が出ます。

自分らしいキャラと笑顔のつくりかたをマスターした後は、いくつかのキャラの笑顔を意図的に使い分けてみましょう。

人前に出る機会の多い人は、笑顔でキャラクターも使い分けています。

たとえば、アメリカのオバマ大統領の写真を見ると、リーダーとしての笑顔、親しみやすい笑顔、公務のときの儀礼としての笑顔を使い分けています。国連総会で各国の代表と1枚ずつ撮った写真は、差別がないようにという意図からなのか、すべて完璧に同じ笑顔で写っていて、驚かされるほどです。

優しい家庭人として、律儀な公僕として、そして国の代表者としての強さまで、笑顔ひとつでその人間性を伝えています。

とはいえ、オバマ大統領は俳優ではありません。誰でも訓練をすれば、笑顔の使い分けができるということです。

4

美人は「プライベート感」を出す

雰囲気は「ポーズ」と「構図」からつくる

もっとくわしく、美人に見える写真の撮られ方を知りたいという「こだわり派」の方のために、各キャラクターに合ったポーズのアドバイスをいたします。

まず最初に、どれくらいの範囲の写真にするのか、「枠（フレーム）」を考えます。絵画でいう額縁のことです。

枠に関しては、サイズだけでなく方向もあります。スマートフォンなどの縦長の長方形サイズが、人を撮るときの基本です。写真をウェブに使用したいのであれば、そのサイズはまちまちになります。ホームページの一番上に出てくるヘッダー枠に使用するときは横長サイズ。Facebookなどのプロフィールに使用するのであれば正方形になります。

ここでは、基本的な「縦長の枠のバストショット（シャツのボタン2つ目より上)」の枠を想定して説明します。

前項までに登場した1〜7の各キャラクターに合ったポーズがあります。それぞれのポーズの写真から、見る人が何を感じるのか、またそこに写っている人は、どんな人だと想像するのか……「キャラ別イメージ」で解説していきます。

具体的なポーズについては、P236〜239の写真を見ながら、おなじみの「HKKの法則」で理解を深めてください。

①

自然体系キャラ「ありのままの姿勢」

■ **キャラ別イメージ**　親しみやすい・さわやか・元気な・前向き・シンプル・純粋・気軽な・サラサラ

◆ **HKKの法則**　ヒネラナイ、カサネナイ、カタムケナイでまっすぐ正面を向く。しなをつくらない。

③

体育会系キャラ「前傾姿勢」

■ **キャラ別イメージ**　率直・開放的・スピーディ・ユーモア・淡白・清潔・さっぱりした・協調的

◆ **HKKの法則**　撮られている方向（カメラ方向）に対して、からだをまっすぐに前傾させる。

③

いやし系キャラ「涅槃《ねはん》の姿勢」

■ **キャラ別イメージ**　やわらかい・あどけない・面倒を見てあげたい・献身的・萌え・愛玩的・妹的

◆ **ＨＫＫの法則**　頬杖をついて、からだを頬杖側にカタムケル。

④

エレガント系キャラ「柳の姿勢」

■ **キャラ別イメージ**　洗練された・しとやか・優雅・しゃれた・華麗な・上流・スタイリッシュ・都会的

◆ **ＨＫＫの法則**　壁によりかかるようなイメージで上半身をカタムケル。

⑤ お嬢様系キャラ「守りの姿勢」

■ **キャラ別イメージ**　純潔・慎重・古風・正式な・伝統的・落ちついた・奥ゆかしい

◆ **ＨＫＫの法則**　まっすぐなラインをイメージさせる。腕を自分の前で組んでピタッとカサネル（防御の姿勢）、頭をカタムケず、あごを両手でまっすぐささえる。

⑥ セクシー＆クール系キャラ「見返り姿勢」

■ **キャラ別イメージ**　野生的・魅惑的・刺激的・豪華な・官能的・挑発・艶っぽい

◆ **ＨＫＫの法則**　上半身と顔の向きを逆にヒネッてからだのラインを強調する（そっけなく背中を見せるが、見られているのが気になり顔をヒネル感じ）、歯は見せずにじっと見る、髪にさわるなど。

⑦

アーティスト系キャラ「顔面トルネード姿勢」

■ **キャラ別イメージ** 神秘的・ユニーク・複雑・不思議・孤独・前衛的・刹那的・退廃的

◆ **ＨＫＫの法則** ヒネル・カサネル・カタムケルを同時に取り入れる。自分の顔や頭を両手で抱える。

写真の基本！ 美人に見える「構図」3兄弟

写真には、3つのおさえるべき基本があります。①明るさ ②撮る角度 ③画角です。この3つの違いを知っていると、美人な写真が撮られやすくなります。「プロのモデルさんじゃないんだし……」と思われるかもしれませんが、普段、携帯電話で写メを撮るときなども、これを知っているのと知らないのとでは、写真の仕上がりに大きな差が出ます。**写真を撮られるときや撮るときに、頭のなかでこの3つを組み合わせましょう。**ワンランク上の仕上がりになります。

① 明るさ（ライティング）

「明るさ（ライティング）」とは、写真を見る人に対する「主張」の度合いと考えてください。**明るさによって、見ている人がその写真に感じる「信頼度」が異なります。**強いライティングで、すみずみまで明るく写っている写真は、見る人に「明白」で「スッキリ」とした印象を与えます。暗いライティングで撮った写真は、見る人に不安な感情を抱かせたり、何かありそうな雰囲気を感じさせたりします。

明るいライティング

暗いライティング

上からのアングル

下からのアングル

② 撮る角度（アングル）

「撮る角度（アングル）」とは、写真に写っている人とその写真を見る人の「上下関係」を表すものと考えてください。「カメラの位置＝写真を見る人の立場」となります。

　たとえば、上から撮られるときは、当然カメラが撮られる人の上にあるということです。**つまり、その写真を見る人は、あたかも写真に写っている人を見下ろしているような感覚になり、立場が上になります。**

　逆に、下から撮るときは、カメラは、撮られる人の下に位置しますから、撮られている人のほうが偉くなります。Ｐ２４２の右の写真のように、欧米の選挙演説では、下からのカメラアングルで撮ったものが多く使われます。これは、写真を見る人が、登壇している候補者に対して、敬意を表すようにさせたいからです。

③ 画角（写真範囲）

「画角」とは、枠のなかに顔が占める割合（フェイス率）のことで、写真を見る人との「愛情」の関係を表します。

基本の縦長の枠でバストショットの場合、服の第2ボタンから上がすべて入るようにするのが標準サイズです。

顔が80％以上を占める「アップ」は「自分の思い、願いなどを伝えたい説得モード」と考えます。あるいは知性を主張したいときにも有効です。

頭の端をフレームから外したり、顔の半分しか枠のなかにいれない「どアップ」は自分の「見せどころ」だけを見せます。「自分のことをわかってくれる（知っている）人にだけ、わかってもらえればよい」というメッセージになります。

「引き」は、ウエストが入るくらいまで引いて撮ります。楽器を持っているなど、「何か自分の得意なことをしている様子をおさえること」を目的としましょう。

標準

どアップ

引き

5

写真写りの良い服、悪い服

美人は顔が映える服を着る

着る服によって動きに制約が出たり、気分が変わったりするものです。

ですから、写真を撮るときも、何を着るかで表情や動きが変わってきます。

以前フリルとリボンのついたフワフワした服を着た女性を撮影したあとに、なんとその方は学校の先生だと伺って、びっくりしたことがあります。プライベートなお写真でしたから問題はありませんでしたが、たまたま選んだ服であっても、そのときの気分が、そのまま写真に残ります。

写真を撮られるときは、単なる好き嫌いではなく、「何のための写真なのか」という目的を考えて、服を選びましょう。

では、どんな服を着ると、美人な写真になるのでしょうか。

まず、最も大事なのは、写真を撮られるのに向いている服とそうではない服を知っておくことです。

写真を撮られるのに向いている服

① 一般（証明写真など）　白い服・無地でうすい色
② ビジネス　立体感の出る服、パリッとしている。ジャケットなどの厚みのある服
③ プライベート（恋愛、遊び）　シンプルなデザインかつ艶感を出す素材
・透けるもの　「ドキッ」とさせるシルク、オーガンジー、シフォン
・揺れるもの　「フワ～」と広がるスカーフ、フレアスカート
・ちょっと光るもの　「キラッ」とするジュエリー、アクセサリー

写真を撮られるのに向いていない服

向いていない服は、「ナイナイ尽くし」の引き算になります。

① 最新流行のファッションは着ない
理由は、すぐに古さが出てしまうからです。ある学校の入学式に、そのとき流行っていた同じヘアアクセサリーを、多くの人がつけてきました。インターネットで簡単

に手に入るので、こういうことが起きるのでしょうが、その1ヵ月後には、誰もつけなくなりました。爆発的に流行ったデザインはすぐに古臭くなります。ちなみに流行を避けられないのが髪型と眉毛の形です。

② 普段着ていない服は着ない

「撮影用に！」と、新しく買った服を着るのはやめましょう。「着こなし」も、しっかり写真に写り込みます。服に着せられていると、マネキンのように堅い表情になってしまいます。ちなみにモデルさんは、カタログなどの撮影では、はじめて袖を通す何十着の服をいかにも着慣れているような雰囲気にするのが仕事です。

③ 2色以上組み合わせるコーディネートは着ない

全体（トップとボトムを合わせて）で、2〜3色以上は使わないこと。写真のサイズにもよりますが、カラフルなコントラストは、写真サイズが小さいときには、その面白みが伝わりません。背景が特殊な色の場合、自分の服の色がその色に同調しているのか、対立しているのかも大事です。

④ 細かい柄ものは着ない

細かい幾何学模様などの柄が入っている服はやめておきましょう。一部が強調される可能性があります。たとえば、小さなスカル（ドクロ）模様が水玉のように全身に広がっているユーモラスなデザインの服であっても、それが顔の近くにあったらユーモラスな印象にはなりません。ただし、全身写真だと良い場合があります。

⑤ 文字ものは着ない

派手な柄もの、大きな頭文字やブランドロゴなどが入っているものは着ないことです。英語のメッセージも危険です。文字は全部入っていれば読まずにいられませんし、一部分だけだと本当は何と書いてあるのかが気になります。本人よりもロゴのついた服が目立ってしまいます。

⑥ 夏服、冬服は避ける

写真がいつ見られてもいいように、季節感が出ないようにします。生地は春秋ものが基本です。夏の生地は薄すぎて、肌の露出が大きくなりがちです。冬の生地は厚ぼったく、からだのラインが出にくかったり、やぼったい雰囲気になります。

6

誰かと一緒に撮られるときの動き方

美人は、いつもちょっとだけずるい

何人かで写真を撮ったり、集合写真を撮ったりするときに、自分の位置で損をしたことはありませんか？　そんな悩みを解決する方法をお教えします。

大きな会合のときは、始まる前か、終わりには集合写真は撮られるものだと考えておきましょう。友人同士ならまだしも、大事な式典などでうまく撮れていない写真が後々まで残ってしまうと、気になるものです。

また、久しぶりに会う人や、ＳＮＳに頻繁に近況をアップしている人と食事をする機会などがあったら、高確率で写真を撮ることになりますから、用心しましょう。

自分の身長が気になるときは？

なるべく自分より背の高い人の横に並ばないことです。座る場合は足を前に出します。「脚は、フワッと組む」（Ｐ66参照）とお伝えしましたが、ひざから足先までが長く見えると身長は高く見えます。大勢でぐちゃっと写るときに、2～3列目あたりにいるときは、**「後ろに遠慮している私」を装い、あえてひざを折ってかがむと、本当の身長がわからなくなります。**ひざを折った愛嬌のあるかがみかたは「あたたかみの伝わるお辞儀の仕方」（P118参照）を参考にしてください。

太って見えるのが気になるときは？

後列なら、身長が高い人のとなりに入り、その人の肩で自分の半身を隠しましょう。腕を前でカサネテ、お腹を隠すのも有効です。大勢で後列にいるなら、両側に気を使っているように肩をすぼめます。カジュアルな集まりだったら、自分のからだの前で、手を開いた仕草などをして立体感をつけましょう。バッグを持っていたら、さげずに腕に通してお腹を隠す、あるいは上着があれば、着ないで腕にまいてお腹をカバーすることができます。

友人2～3人で撮るときに、自分のほうが身長が高い場合は、友人を前にしてお腹を隠します。**もし自分のほうが小さくて太めだったら、顔に手を付け（P166参照）、写真を見た人の視線が自分の顔まわりに集中されるようにします。**

おわりに

最後まで読んでくださり、ありがとうございました。

「人生は舞台、人はみな役者」とは、シェイクスピアの台詞です。

私は俳優をめざして芝居の勉強をしてきましたが、教える立場になってからは、「人を感動させるには、どうしたらよいのか」「『美人』といわれる人の秘密は何か」について、さまざまな目標を持つ生徒さんと一緒に、ひたすら実験してきました。

この本では、日常でできること、仕事でできること、恋愛シーン、歩き方、写真の撮られ方と多岐にわたる「美人な『しぐさ』」を「ＨＫＫの法則」を用いて徹底解剖してきました。

この本でお伝えしてきた「しぐさ」はすべて、私が現実に見たり、体験したことをもとにお伝えしてきました。日常生活のなかで、観察して気づいてきたことも多々あります。つまり、どのしぐさも、私たちが無意識のうちにとっている姿勢や動きだということです。

ですから、もし、「何から始めればいいの？」と迷っているようなら、普段の生活のなかで、何でもいいので、一つずつ試してみてください。

自分のからだの意識を少し鋭敏にするだけで、「美人の雰囲気」をつくり出すことができます。この本はレシピのようなもの。おいしい料理のさじ加減は、レシピを参考につくってみなければわかりません。

あなたがこの本を手に取ってくださったということは、何か意識的に自分を変えようと思っている最中なのだと思います。

自分のなかにどのような変化を求めているでしょう？

この本が何かのヒントになったでしょうか？

きっと、姿勢や動きを美しくしようと考えているだけでなく、「人生をよくしよう」と思っていらっしゃるのだと思います。その手助けができたら、とてもうれしいです。

そして、もう一つお伝えしたかったのは、自分だけではなく、近くにいる人の「しぐさ」から、その人の本当の心の状態や気分がわかるようになるということです。

私たちは出会った人すべてとかかわることはできません。でも、同じ時代に同じステージにいると思うと、何だか楽しくなりませんか？
颯爽と歩く姿や、カフェで本をめくる指先、風に流された髪を直すしぐさ、仕事に夢中な背中、恋人に手を振る姿、あるいは孤独にうつむいている後ろ姿など、会話をすることはなくても、みな互いを見て、何かを感じています。あなたの写真をたまたまSNS上で見る人も、何か影響を受けていると言えます。

これまで培ってきたメソッドを本にするにあたっては、ディスカヴァー・トゥエンティワンの藤田浩芳様が目にとめてくださり、編集をしてくださった大山聡子様に「面白そうですね」と言っていただかなかったら実現できませんでした。深く感謝しております。
イラストレーターの粟津泰成さまには、本の中にエレガントな女性たちを生き生きと出現させていただきました。ありがとうございました。カバーをはじめ、全体をプロデュースしてくださいましたデザイナーの加藤京子さまのおかげで、美しく、かっこいい本に仕上げることができました。感謝しております。

この本を読んでくださったみなさまの「眠っていた美女の種」が花開き、となりの人があくびをするとついあくびが出るように、美しさが伝染していくことを期待しています。

2016年　6月　ポージングディレクター　中井信之

Photo credit

Cover P24 P25 p37[下] P157[下] P187
/by iStock by Getty Images
P27/by Getty Images
P37[上] P128/by PIXTA
P63 P77 P148 P151 P157[上] P242
/by Amana Images
P142 P143 P217 P226 ~ 232
P236 ~ 241 P244/by shutterstock

美人な「しぐさ」

発行日　2016年　6月　20日　第1刷

Author　中井信之

Illustrator　粟津泰成
Book Designer　Sidekick（加藤京子）

Publication　株式会社ディスカヴァー・トゥエンティワン
〒102-0093　東京都千代田区平河町 2-16-1 平河町森タワー 11F
TEL　03-3237-8321（代表）
FAX　03-3237-8323
http://www.d21.co.jp

Publisher　干場弓子
Editor　大山聡子

Marketing Group
Staff　小田孝文　中澤泰宏　吉澤道子　井筒浩　小関勝則　千葉潤子
飯田智樹　佐藤昌幸　谷口奈緒美　山中麻吏　西川なつか　古矢薫
米山健一　原大士　郭迪　松原史与志　中村郁子　蛯原昇　安永智洋
鍋田匠伴　榊原僚　佐竹祐哉　廣内悠理　伊東佑真　梅本翔太
奥田千晶　田中姫菜　橋本莉奈　川島理　倉田華　牧野類　渡辺基志
庄司知世　谷中卓
Assistant Staff　俵敬子　町田加奈子　丸山香織　小林里美　井澤徳子
藤井多穂子　藤井かおり　葛目美枝子　竹内恵子　伊藤香　常徳すみ
イエン・サムハマ　鈴木洋子　松下史　永井明日佳　片桐麻季　板野千広

Operation Group
Staff　松尾幸政　田中亜紀　福永友紀　杉田彰子　安達情未

Productive Group
Staff　藤田浩芳　千葉正幸　原典宏　林秀樹　三谷祐一　石橋和佳
大竹朝子　堀部直人　井上慎平　林拓馬　塔下太朗　松石悠　木下智尋
鄧佩妍　李瑋玲

Proofreader & DTP　朝日メディアインターナショナル株式会社
Printing　株式会社シナノ

ISBN978-4-7993-1915-4